先延ばしをなくす

朝の習慣

印南敦史
Innami Atsushi

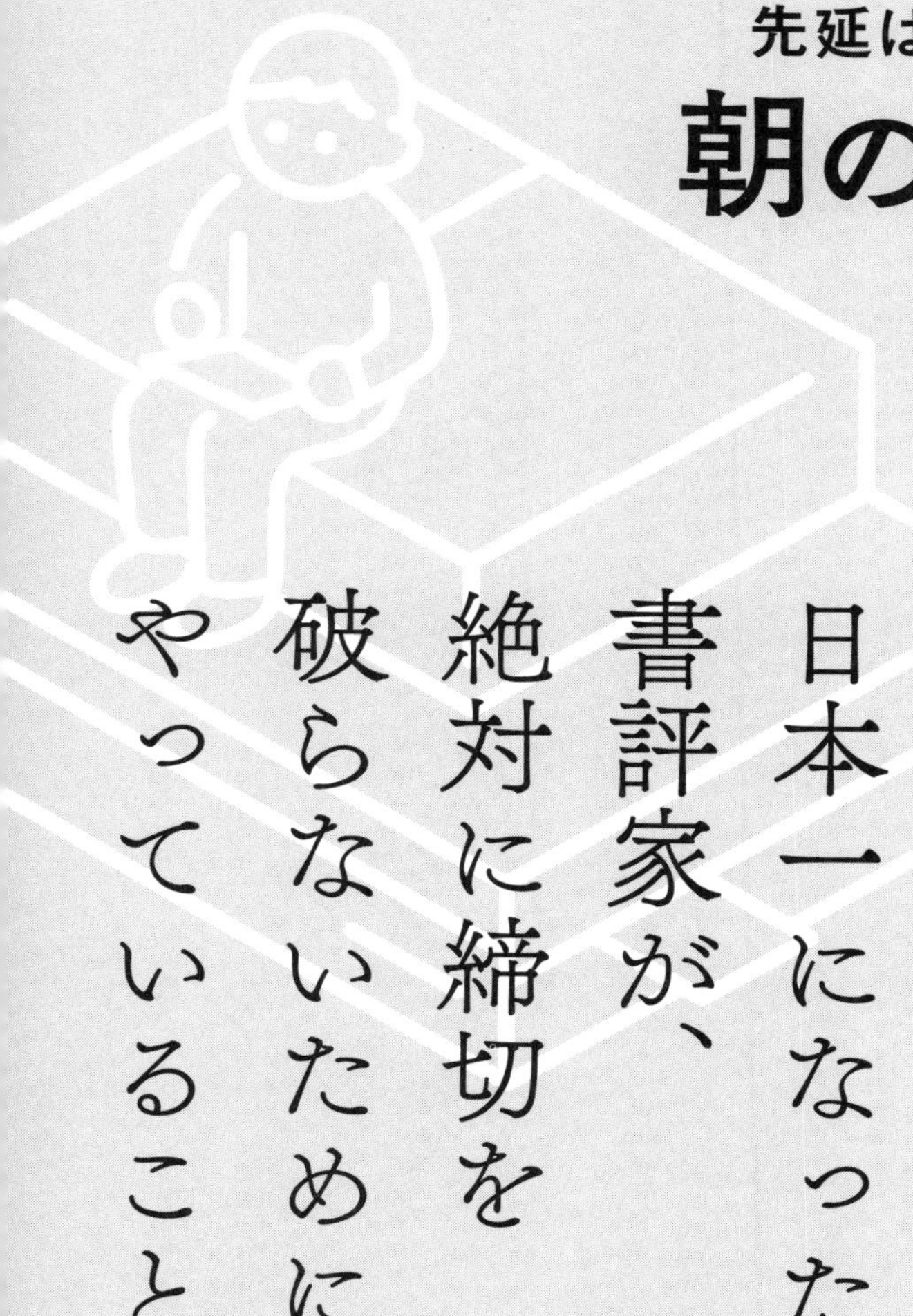

コツコツ
書き続けて
日本一になった
書評家が、
絶対に締切を
破らないために
やっていること

はじめに　リーマン・ショックで仕事がなくなった！

・やらなきゃならないことがたくさんあるのに、どうも気が乗らない
・だから、ついつい先延ばししてしまう
・結果的には仕事がつまり、さらに大変なことに……

本書を手にとってくださった方は、多少なりともこうしたことで悩んでいらっしゃるのではないでしょうか？

たしかに「やらなきゃいけないこと」が目の前にあると、(それが好きではないことであればなおさら) 気が重くなるものですよね。

もちろん、僕だってそれは同じです。作家・書評家という仕事柄、〝毎日欠かさず〟文章を書かなければならないのですが、当然ながら気分が乗らないときだってあるわけです。

それでも、僕は締め切りの約束を大幅に破ったことはほとんどありません。万一、遅れそうな場合は早めにクライアントに連絡しておきます。

そうやって仕事に臨むと、たいていの場合は遅れずにすむから不思議なのですが、気がつけば、もうかなりの年月をそんなふうに過ごしています（なお、これは僕のような仕事をしている人間だからできることではなく、どんな仕事にも応用できます。そのことについては本文で）。

自分の裁量で仕事を進めているわけですから、休もうと思えばいつでも休めます。でも根っからのワーカホリックですし、休んでいると不安になってくるので（小心）、結局は毎日同じことをコツコツと進めているのです。

性格的なものもあるのでしょうが、破綻《はたん》の少ない、そんなスタンスが性に合ってもいます。

ただし、ここまでたどり着くまでにはいろいろありました。40代半ばのころ仕事が激減した時期があり、それが「いまある仕事をしっかりやらなければ」という思いをより強くするきっかけになったのです。

もともと僕は広告の仕事をしており、そののち音楽ライターとして文筆家の活動を開始。そこから一般誌へと仕事の幅を広げていきました。一般誌で書くようになったのは2000年代初頭あたりでしたが、ありがたいことにうまくいっていました。

当時おもに執筆していたのは「クオリティ・マガジン」と呼ばれていた、40～50代のお金持ちの男性をターゲットとしていた雑誌。そんなこともあって待遇も悪くなく、同業者のなかでも比較的稼げていたほうだったのではないかと思います。ですから、漠然と「このまま続けていけばいいんだな」と感じていました。

ところが、やがて状況が大きく変わっていきました。2008年のリーマン・ショック前後から、書いていた雑誌が相次いで休刊になったのです（休刊とは、実質的に廃刊を意味します）。先月にAという雑誌から休刊を告げるメールが届いたと思ったら、今月はBからも休刊の知らせが。先週はCとDからも連絡があったしなあ……と、恐るべきスピード感で仕事が減っていったのです。

ブレーキが壊れたジェットコースターに乗っているような感じだったので、最初のうちは「なんだこれ？」などと笑ったりしていたのですけれど、すぐに「笑ってなんかいられねー」と恐怖を覚えるようになりました。

住宅ローンがたんまり残っていましたし（いまも残っていますけど）、子どもの学費も増えていく時期。にもかかわらず仕事がないのです。ネットで探してみても、「1文字1円」とか、アルバイトレベルのものばかり。

いかにも怪しい話も少なくなく、やっと見つかった仕事の担当者から「検索エンジンに引っかかって上位に掲載されればいいんで、ぶっちゃけ文章のクオリティなんか関係ないんですよ」などといわれ、「俺はいままで、なにをやってきたんだろう？」という気分になったり。毎朝悪夢でうなされて目を覚ますような時期が1年くらい続いたし、あのころはつらかったなあ。

幸いにも、やがて少しずつ仕事が増えていったのですが、そのとき地獄を見たからこそ、「仕事があることに感謝しなければ」という気持ちがより強くなったのです。

もちろん、それ以前から「仕事に貴賤《きせん》はない」という気持ちでやってきたのですけれど、それに輪をかけて感謝の気持ちが強くなっていったわけです。つまり、そんな体験をしたことがいま役に立っているとも考えられるのです。

仕事をいただけるということは、クライアントから「この仕事を頼もう」と思っていただけたということです。それは、先方のなかに多少なりとも「任せて大丈夫だ」という気持ちがあったからでしょう。だとしたら、「がんばって期待に応えよう」と感じるに決まっていますし、裏切ることなんかできません。締め切りを守るのは当然ですし、それで期待に応えられれば、当然ながらモチベーションも高まります。

すると、さらにやりがいが出て仕事の質が上がり、評価も高まっていく。あとは、このサイクルで以後も進めていけばいいだけです。

とくにこの10年でそれを実感したからこそ、僕は「コツコツ続ける」ことの大切さを理解しているのです。先にも触れたように気乗りしないことももちろんありますけれど、それを「なんとかする」ことも重要な仕事だと考えているのです。

そして（また繰り返しになってしまいますが）これはすべての職種にあてはまることでもあります。たまたま僕が文筆業で身を立てているだけの話で、どんな仕事にも同じことがいえるのです。だからきっと、僕の体験は「先延ばししてしまう」ことで悩んでいる方の役に立つはず。それが、本書を書きたいと思ったきっかけです。

できるだけわかりやすく、すぐに試せそうなアイデアを盛り込んだつもりです。ピンときた項目があったら、まずは試してみてください。そうすれば少しずつ、先延ばしのスパイラルから逃れられるようになると思います。

２０２３年２月

印南敦史

第1章

「先延ばし」の〝最大の敵〟を朝イチで倒そう

第2章

「すぐやる人」は午前中に9割終わらせる

第3章

不快感を7割カットすれば「コツコツ」は続く

第4章 NGすぎる行動が「超ルーティン」を崩す

第5章 オンラインは「自由」と「節制」のバランスが肝心

終章 普通だからこそ「継続は力」を実現できる

第1章

「先延ばし」の〝最大の敵〟を朝イチで倒そう

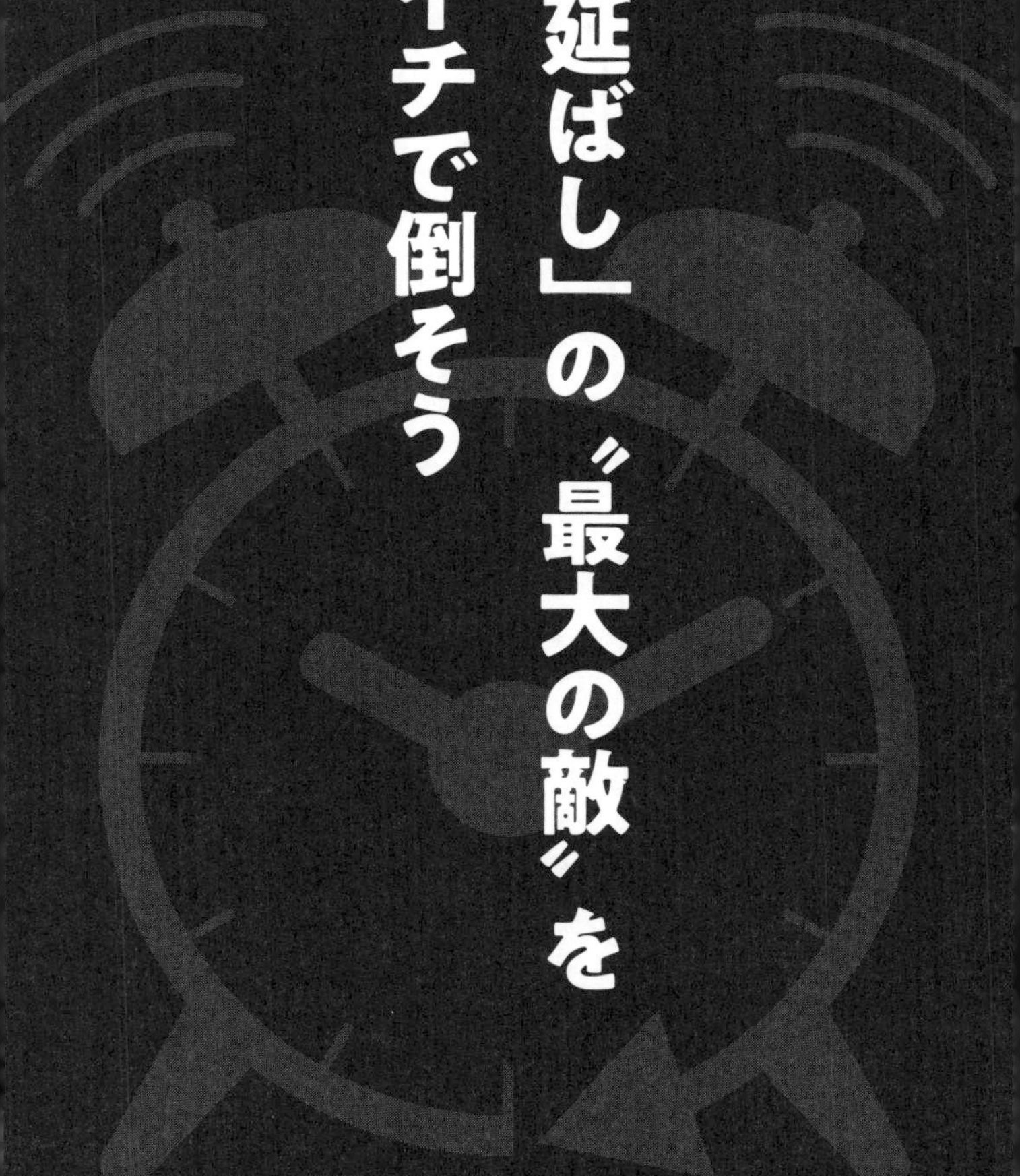

1　書評数日本一の秘訣は「先延ばししない」こと

先延ばししているとチャンスを逃す

文章を書いてお金をいただくようになってから30数年。２０１２年からは「ライフハッカー・ジャパン」で書評を書き始め、２０２０年には、いろいろな〝日本で一番〟を認定する「日本一ネット」というサイトにおいて「書評執筆本数日本一」に認定されました。

現在も毎日執筆を続けており、そのきっかけとなった「ライフハッカー・ジャパン」の連載「印南敦史の毎日書評」は、２０２２年8月で10周年となりました。

あっという間だったなーという感じなのですが、ここまで続けてこられた理由はいたってシンプルです。**疑問を抱くことなく、いただいた仕事をただ愚直に続けてきたから。**それだけなのです。

なぜ疑問を抱かなかったかといえば、「書評を書きませんか？」と話をいただいたときに、ものすごくうれしかったから。「はじめに」でも触れたように、ちょうど仕事がなかった時期だったので、「仕事をいただけてありがたい」という感謝の気持ちでいっぱいだったのです。

つまり、そんな思いを忘れず続けてきた結果、気がつけばこれだけの時間が過ぎていたというだけのこと。かっこつけたいわけではなく、本当にそれだけの話なのです。

そのせいか、いわゆる「先延ばし」をしたことはほとんどありませんでした。

もちろん人間ですから、「なんとなくやる気が出ないなあ……」と思うようなことは何度でもありましたけれど、「だから先延ばしにしちゃえ」という発想にいたることはあまりなかったのです。なぜって、毎日締め切りがあるのですから。毎日締め切りがあるということは、もし原稿を落とせば穴が開くことになります。

ウェブメディアの場合は紙媒体と違って「誌面が真っ白になる」ことこそありませんが、締め切りを守らないようなことが常習化すれば、自分に対する信用が真っ白になってしまいます。

これは文筆家だけでなく、すべての仕事にいえることですが、先延ばしを繰り返し、約束を破り続けて「あいつは信用できない」というレッテルを貼られてしまったら、その時点でおしまいです。厳密にいえば、必ずしもそこで終わるわけではなく、「二度と同じ失敗をするなよ」と温かい目で見てもらえるケースもあるでしょう。

しかしそれでも、約束を破った以上は「あいつにはよくない過去がある」という印象はついて回ることになります。いうまでもなく、それはビジネスパーソンとして非常に不利で、みすみすチャンスを逃すことにもなりかねません。

そんな理由があるからこそ、少なくとも僕は、**一時的にモチベーションが上がらなかったというだけの理由で、チャンスを失いたくはない**と考えているのです。

それに、チャンスを逃すか否かという外的な理由以前に、毎日続けてきた結果として確実にわかったことがあります。先延ばしせずにきちんとやって約束を守っていれば、目の前のそのタスクを軸として、仕事全般にまつわるすべてがうまくいくようになっていくものだということ。

相応の時間はかかるかもしれませんが、クライアントから「約束を守る人だ」と思ってもらえるようになれば、それは次の仕事につながっていくことになるわけです。「あの人は締め切りを守ってくれる」というイメージがあれば、クライアントからしても仕事を頼みやすいですからね。

それに、達成感が得られるということは、自分にとっても気持ちのいいものです。したがって、一度それを体験すれば、先延ばししたいという気持ちも必然的に小さくなっていくわけです。

きのうと同じことをきょうも続けるだけ

だからこそ、先延ばししないことをおすすめしたいのですが、とはいえそれは簡単ではありませんよね。「なんとなくやる気が出なくて、つい先延ばししたくなってしまう」というようなことは、誰にでもあるものなのですから。人間である以上、それはいたって普通のことです。

しかし大切なのは、その〝普通〟を乗り越えること。そうすれば、先延ばししたくなる気持ちを払拭することができ、その先に「次にすべきこと」が見えてくるからです。

では、やる気が出なくて先延ばししたくなるときにはどうしたらいいのでしょうか？　そこが最大の問題ですが、実をいうと答えは簡単です。なぜなら、きのうと同じことを、きょうも続ければいいだけだから。

などと書くと、「いやいや、同じことを続けるなんてつまらないじゃん」と思われるかもしれませんね。でも大切なのは、**「同じことを続けるのは、本当につまらないことなのだろうか？」**と疑問を持ってみること。そうやって別の角度から見てみれば、ずっと気づいていなかったヒントに気づく可能性があるのです。そして、思った以上にしっくりきたりするものなのです。

それに、考えてみてください。当たり前すぎて気づきにくいことかもしれませんけれど、そもそも僕たちは来る日も来る日も「同じこと」を繰り返しているのです。

たとえば、朝起きたら顔を洗って歯を磨くとか、ごはんを食べるとか、出勤するなど。そういった「同じこと」は生活の基本ですが、決して難しいことではありません。「同じこと」があってこそ生活が成り立ち、「同じこと」を続けるからこそ「やってないこと」にチャレンジできるわけです。

などと主張すればするほど難解になってきますが、難しく考える必要はなく、それどころか発想はいたってシンプルです。なにしろ、続ければいいのですから。それだけ。

しかも、意識してみればすぐにおわかりいただけると思うのですが、「毎日同じことを続ける」のは意外と心地よいものでもあります。まず、そうすることによって、自分にとっての規律みたいなものを保つことができるようになります。

たとえば、歯磨きや食事がそうであるように、「同じこと」は決して大層なことではないでしょう。単に当たり前のことを続けているにすぎません。

当たり前すぎることだからこそ、そのことを意識する機会は意外に少ないものです。

しかし、そこであえて視点を変えてみれば、いままでつらかった「先延ばししたくなるものごと」も、また違って見えてくるものなのです。

2 ルーティン化すれば日常は心地よくなる

ルーティンは「目的」と「結果」から考える

・起床、洗顔など朝の雑事
・トマトジュースを一杯飲む
・コーヒーを淹《い》れる
・朝食
・新聞を読む
・コーヒー片手に書斎へ移動
・パソコンを起動し、メールチェック、ニュースサイトやブログなどの閲覧
・読書

・原稿執筆
・昼食
・原稿執筆、読書
・散歩
・夕食
・Netflix、YouTubeの鑑賞など
・読書
・就寝

僕の日常のルーティンは、基本的にこんな感じです。もちろん、打ち合わせがあるなど日によって違いはありますけれど、いわばこれがテンプレートのようなもの。そして変化する状況に応じて、ここにその時々での用事なりを組み込んでいくわけです。

でも、基本的には地味ですよね。それが性に合っているのですけれど。

なお、見る限りどうということのない日常のように見えるだろうと思いますが、少なくとも僕にとって、ここには重要なポイントがふたつあります。

それは「目的」と「結果」の存在です。

いうまでもなく、作家・書評家としての僕の日常の目的は読書と執筆です。つまり、こうした小さなルーティンは、そのふたつが円滑に進むようにするためにあるということ。目的を達成するためにルーティンが必要で、ルーティンがあるからこそ結果につながるということです。

毎日おこなう同じことは、当然のことながら「自分が決めたルール」です。トマトジュースを飲むことも、ペーパードリップでコーヒーを淹れることも、普通の日常であるという以前に自分が決めたルール。だとすれば、それを実行できたとしたらルールを守ったことになります。

たとえ小さなことであったとしても、ルールを守れれば達成感が得られます。これがとても重要。そういった行動が連続すれば、そこにリズムが生まれもします。

たとえば、朝の雑事を終えたら、そこでひとつルールを守ったことになります。トマトジュースを一杯飲めば、次のルールを達成したことになります。朝食をとってコーヒーを淹れたら、そこでまたひとつルールが達成されます。

以後、新聞を読んでパソコンを立ち上げ、お決まりの作業を終えたのちに読書するとしたら、その時点で本への集中の度合いは確実に変わります。「やることをやった」あとなので、積み重なった小さな達成感を味わいながら本の世界に入り込むことができるのです。もちろん、その次の段階である執筆の時間についても同じことがいえます。

朝の雑事から読書までのルールが次々と達成されれば、その結果として生まれたリズムが心地よさを与えてくれる。つまり、その時点でrhythm of life（生活のリズム）がきちんと刻まれていることになるので、その後の一日をより快適に過ごせるわけです。

仕事も「日常」と考えよう

ところで、仕事に関して考える際に、「オン」と「オフ」の使い分けの重要性が強調されることがあります。「働くときは働く、遊ぶときは遊ぶ」というようにメリハリをつければ、生活がより豊かになるという考え方。たしかにそのとおりかもしれませんが、個人的には、あまりはっきりと切り分ける必要はないように感じてもいます。

別な表現を用いるなら、仕事も日常の一部だと考えたほうが、いろんな意味でやりやすいと感じているのです。

仕事が「オン」でプライベートが「オフ」なのだとしたら、本当に自分らしくいられるのはオフの時間だということになります。**すると仕事の時間は、やや極論ではありますけれども「自分らしくいられない時間」だということになってしまいます。**

しかし、もしも自分らしくいられないのだとしたら、それは成果の善し悪しにも関わってきてしまうのではないでしょうか？

本当にいやいや仕事しているのであればどうしようもありませんが、意志あるビジネスパーソンであれば、少しでもいい仕事をしようと思うもの。そのためには、自分らしくあることはとても大切で、だとすれば、仕事の時間だって自分らしくいるべきだと考えるほうが健全だと思うのです。

仕事が前述したルーティンの一部であったとしたら、それを達成することはモチベーションの向上につながります。いま目の前にある仕事をすることでモチベーションが上がるのだとすれば、それは次の仕事のモチベーションアップにつながります。そういう意味で、仕事は日常であると考えるべきなのです。

3 先延ばしは「1時間の早起き」でなくなる

1時間前からスタートしよう

日によって多少のばらつきはありますが、僕は通常、午前9時台から仕事を始めます（僕の場合は本を読むことも仕事のうちなので、まず本を読み始めるわけですが）。

ただ、ニュースサイトやブログ、なんとなく開いたYouTubeなどをだらだらチェックしていて、気がつけば10時をすぎていたなどというケースももちろんあり、そんなときには多少なりとも気持ちが落ちてしまいます。

いや、ものすごく落ち込むというべきかもしれません。だらだらと過ごしている以上、それは非生産的な時間でしかなく、早い話が時間を無駄にしてしまったことになるからです。

いわばその時点で、その日の僕は負けてしまっているわけです（勝ち負けの問題ではありませんけれど）。

逆に、**いつもより早起きしたとしたら、そのぶん使える時間は増えること**になります。たとえば1時間早く起きたなら、使える時間が1時間増えるわけです。

つまり、いつものルーティンも1時間前からスタートできるので、仕事を始める時刻も早まります。小学生の計算問題のように単純な話ですが、これがなかなかばかにできないのです。たまたま早く起きたのだとしても、計画的に早く起きたのだとしても、その効果は絶大なのですから。

もちろん、僕にも経験がありますが（だから断言できるのですが）、仮に普段よりも1時間早く起きることができたとしたら、まずは窓の外の明るさが違うことに気づくでしょう。もちろん季節によって変化はあるものの、たとえば6時と7時とでは、空の明るさ、雰囲気、表情がまったく異なっているわけです。

したがって、パソコンを立ち上げた時点で気分もまったく違ってきます。カーテンが開いていて外が見えるとしたら、間違いなく新鮮な気分になれるはずです。ビジネス書や自己啓発書などで「朝は日光を浴びましょう」というようなメッセージを目にすることがありますが、これは理にかなった考え方だと僕も経験的に感じます。

朝はすべての人に平等に訪れる

いつもと違う雰囲気のなかで、いつもより1時間早くパソコンを立ち上げられたら、当然のことながら普段よりも早く始動することができます。急ぐ必要もなく、いつもと同じルーティンをこなしているだけなのに、時間に余裕が生まれてしまうのです。

先ほど触れたように、無駄な時間を過ごしていると「しまった、もう10時だ！」などということになってしまいがち。けれど、仮に少しばかり時間を浪費してしまったとしても、気づいたときにはまだ9時だったりするわけです。

したがって、**追われるような気持ちになることもなく、「ちょっと時間を無駄にしちゃったけど、まだまだ巻き返しは可能だ」という気持ちで先に進むことができる**のです。

さらに、時間的に余裕が生まれるだけでなく、精神面でも大きなものを得ることができます。一日の最初の段階から余裕を持つことができれば、その日一日を、ゆとりを持って過ごすことが可能になるからです。

なにしろ、いつもより時間があるのですから、その日にやらなくてはいけないこと、やるべきことをサクサクと無理なく進めることが可能。その結果、午前中の時間を有効に使えるのです。

だから断言できるのですが、時間を有効活用するための最重要ポイントは、間違いなく午前中の時間の使い方にあります。このことについては第2章で詳しくご説明しますが、すべては午前中にかかっているといっても過言ではないのです。

僕は昔、典型的な夜型人間でした。夜遅くなればなるほど頭が冴えてくるような気がしていましたし（大きな勘違い）、「あれもやらなくちゃ、これもやらなくちゃ」と忙しく過ごしているうちに、日付が変わって深夜になっていたりしたわけです。

そういえば余談になりますが、あのころは深夜2時くらいに「いまから1時間以内に原稿を書いていただけませんか？」などという、ものすごい依頼をしてくる編集者がいました。非常識にもほどがあるという感じですよね。**でも、そういう仕事を引き受けては「よし、役に立てたぞ」と達成感を覚えたりもしていたものです。バカですね。**

また、昔は朝までクラブでＤＪをする機会も多く、そんな日はもっと睡眠時間が減ることになりました。朝6時ごろに帰宅して、1時間くらい眠ってごまかすとか。

なぜそんなことをしていたかといえば、どれだけ遅く寝たとしても、朝はすべての人に平等に訪れるからです。ひとり暮らしならともかく家族がいますから、6〜7時くらいになると普通に朝の生活が始まるわけです。

それなのに、自分だけいつまでも寝てはいられないという、謎の使命感が当時はあったりしたので、2時に寝ようが3時に寝ようが7時ごろには起きる毎日……。そんなことをしていたら睡眠不足になるのは当然で、睡眠不足になれば集中力も下がり、知らず知らずのうちに昼間の仕事に悪影響が出たりもしていたのでした。

本人としてはうまくやっているような気になっていたのですけれど、実のところまったくうまい状態ではなかったのです。

結局のところ、早寝早起きに勝るものなし

ところが、なにがきっかけだったのかは覚えていませんが、気がつけばいつのころか

らか早寝の習慣がついていたのです。12時ごろに眠気を感じたら、抗うことなく眠ることにしたわけです。

なにしろ午前2～3時の就寝が当たり前の生活を続けていたのですから、実際にやってみるまでは、「そんな早い時間（といっても12時ぐらい）になんか眠れるんだろうか？」と疑念を抱いていました。しかし不思議なことに、**早く寝ると楽だった**のです。子どものころから寝つきが悪かったはずなのに、なぜか早い時間のほうが無理なく眠れる。

そればかりか眠りも深く、翌朝も体調がいいことがわかるのです。ずっと夜型だっただけにちょっとした衝撃だったのですが、そんなわけで少しずつ寝る時間が早くなっていき、最近では夜10時をすぎると、「しまった、もう10時だ。寝なくちゃ！」などと慌てたりするようにすらなっています。

家族のなかでいちばん夜更かしだった人間が、いまでは誰よりも早く寝室に入るようになったわけで、家族から「え、もう寝ちゃうの？」などと驚かれることもしばしば。けれども読みかけの本を何冊か抱えてベッドに入り、とりあえずはそれを読む。そして、眠たくなったらすぐに眠るというルーティンにしたら、いろいろな意味で毎日がより快適になったのでした。

よくいわれることではありますが、**やはり人間は、早寝早起きがいちばんいい**ようです。そのほうが、翌日の仕事への悪影響が減ることになるからです。

そう実感しているからこそ、知人が「俺、ショートスリーパーなんだよね」などと話していたりすると、「いや、それは適切な手段ではないな」と感じたりしてしまいます（もちろん口には出さず、コッソリ感じるだけですが）。

ちなみに、僕は夜は10時か11時には就寝し、朝は6時もしくは7時に起きているので、単純計算で8〜9時間くらいは眠っていることになります。そんなに眠っていたのかと自分でも驚いてしまいましたが、「時間を無駄にしてしまった」という思いは皆無。それどころか一日をトータルで考えると、時間を有効に使えているという実感があります。

だからこそ、いまなら断言できるのです。「早寝早起きに勝るものなし」だと。

「眠るときはしっかり眠る」が正解

なお、「ぐっすり眠らなくても、目を閉じて安静にしていれば睡眠効果がある」というようなことを口にする人がいますが（実際にいて驚いた経験があります）、それは間違い。事実、『睡眠の科学』（講談社）の著者・櫻井武氏も、次のように述べています。

眠りが浅かったり、睡眠時間が十分にとれなかったりすれば、健康な眠りと同じ効果は期待できない。なぜなら睡眠中は心身が覚醒状態とはまったく異なる生理的状態にあり、それが心身の健康を維持するために非常に重要なのである。

また、睡眠には身体を休息させるのみではなく、脳の休息、さらには、能動的に脳のメンテナンス作業と情報の整理をする役割があると考えられている。たとえば、脳では、老廃物の処理は血流だけではなく、脳脊髄液とよばれる細胞間隙を満たす液体の流れがおこなっているのであるが、その処理はほとんどがノンレム睡眠中におこなわれるという結果も示されている。

「**寝だめをすれば大丈夫**」などと無茶なことを考えず、眠るときはしっかり眠るべきだということ。

それが大前提なのです。

単純に「早起きして得した」と考える

なにしろスピードが要求される時代です。したがって自分でも気づかないうちに、時間と成果を結びつけようとしてしまいがち。「これだけの時間があるのだから、これくらいの成果を出さなければダメだ」と。

しかし、それは大きな間違いです。

もちろん、少しでも多く成果を出せれば、それに越したことはないでしょう。が、そもそも「これくらいの成果を出さなければダメだ」というような決まりはないのです。

大切なのは、きちんと仕事をすること。それなのに、成果を出すことにばかり意識を集中させてしまうと、クオリティが低くなってしまう可能性があります。だとしたら、そのほうが「ダメ」であるのは当然の話。**あまり成果を意識しすぎると、本来の目的を見失ってしまうことになるのです。**

これは机上の空論ではなく、僕も実際にそういう人をたくさん見てきました。同じようにオフィスを見渡せば、そういうタイプの人を見つけられるかもしれません。

なお、同じことは早起きにもいえます。

早起きをすることはビジネスパーソンの鉄則だといっても過言ではありませんが、とはいえ早起きすることを、成果とセットで考える必要はないのです。それどころか、早起きと成果を抱き合わせてしまうと本末転倒にもなりかねません。

先ほど書いたように、早起きをすれば使える時間が増えますから、時間を有効利用することが可能になります。とはいっても、それは結果論です。あるのは「早起きしたから、いろいろなことができてうまくいった」という結果だけ。それが「成果を出すために早起きする」ということになってしまうと、根本的な話が変わってきます。

もちろん、成果を出すために早起きすること自体は悪くありませんし、むしろいいことです。が、成果そのものに縛られると、本質的な部分が違ってきてしまうのです。**大切なのは、朝早く起きて、早い時間からいい気分で仕事を始めること。**あくまで「いい気分」で仕事に臨むことが重要なのであり、結果的にそれが成果につながるわけです。

しかし、もとから成果を重視していたとしたら、せっかく早起きしていい気分であるはずなのに自分を縛ってしまうことになります。

「早く起きたんだから、少しでも効率的に仕事を進めて、少しでも大きな成果につなげなくちゃ」ということばかりを考えていたのでは、逆にいい仕事ができなくなってしまう可能性も出てきます。

適度に自分を追い込むというくらいであれば、それはプラスの結果につながっていくかもしれません。ただし「早起きしたのに成果につなげられない」という極端な自己否定感につながってしまうのであれば、それはあまり意味のないこと。場合によっては、自分の首を絞めてしまいかねないのです。

あくまでも大切なのは、早起きした自分と自分の状態を、心地よく肯定的に受け止めること。そうすれば自然と、よりよい結果につながっていく。そう考えておいたほうが、間違いなく建設的です。

4 「やりたい仕事」と「やるべき仕事」に分ける

「やらなければならない」と思わなくなる戦略

「効率」について語られる際によくいわれることですが、仕事には「やりたい仕事」と「やるべき仕事」があります。

いうまでもなく後者は「嫌でもやらなければならない仕事」であり、だからこそ多くの人がそれらを先延ばししてしまうのでしょう。やらなければならない事情や状況があるだけで、本音の部分ではやりたくないのですから当然の話です。

とはいえ、仕事である以上「やりたい仕事」や「好きな仕事」だけをやればいいわけではありません。それが仕事である以上、好きか嫌いかという本人の意思よりも、その仕事をする必然性が優先されるに決まっているからです。

いいかえれば、どっちにしてもやらなければならないわけです。そして、ここが重要なのですが、どのみちやらなければいけないのであれば、少しでもストレスがかからない方法を見つけ出すべきです。

「ああ、嫌だなぁ。本当はこんなことやりたくないのになぁ」などと考え続けながら仕事を進めたら、どんどん苦しくなっていくのは当然です。でも、やる以上は少しでも穏やかな気分で臨みたいもの。**そこで重要なのが、戦略的に仕事を進めることです。**

具体的にいえば、目の前に積み上げられた仕事の束を確認したうえで、まずはそれらの仕事を「やる必要がある」と自覚するのです。もちろん前向きに。

当たり前のことだと思われるかもしれませんが、じつはこの部分でつまずきかけているケースも少なくありません。「やる必要がある」と思うべきなのに、「やらなければならない」というネガティブな思いに左右されてしまっている人が多いわけです。

でも、やらなければならないことは事実なのですから、まずは頭を空っぽにして「やる必要がある」という〝事実〟だけを認識するのです。

単純に考えて「やらなければならない」などと深刻に考えてしまったら、つらくなっても無理はありません。だからこそ、前向きに「やる必要がある」と考えるべきなのです。同じことのように思えて、これはとても大切なことです。

つまらないことで悩んでいた10代のころ、ある人のことばに助けられたことがあります。目の前の現実に耐えきれずウジウジと苦悩している僕に向かって、その人はこういったのです。

「暗く悩んで苦しんだとしても、明るく前向きに考えたとしても、たどり着く終点はひとつだけ。だったら、明るく考えたほうが楽じゃん。どっちにしたって答えはひとつだけなんだから」

このときの悩みはプライベートな話で、仕事とは無関係だったのですが、仕事についてもあてはまると思います。やりたかろうがやりたくなかろうが、やらなければならないのなら気持ちを楽に持ったほうがいいに決まっているからです。

そこで、複数の仕事があった場合におすすめしたいのは、それらをまず「やりたい仕事」と「やるべき仕事」とに分けること。いいかえれば現実を直視できる状態にして、それを客観的に捉えるわけです。先延ばしとは正反対の発想だということで、そこをスタートラインにすべきなのです。

「やるべき仕事」から取りかかると軌道に乗る

さて、「やりたい仕事」と「やるべき仕事」を分けたら、重要なのはその次です。嫌な仕事はつい先延ばししてしまいがちですが、それは絶対に避けるべき。気が進まないのもわかりますけれど、そういう仕事こそ先に片づけてしまったほうが、あとあと気分的に楽だからです。

子どものころ、食事で「なにを先に食べるか問題」に直面したことがありませんか？嫌いなものを先に食べて、好きなものはあとに残しておくか、それとも好きなものを先に食べ、そのあとで嫌いなものを片づけるかという問題です。

もちろん「好きなものから食べたい」という方もいらっしゃるでしょうが、僕の場合は前者。すなわち嫌いなものは先に食べ、好きなものを残しておきたいのです。なぜって、そのほうが好きなものを食べる時間をより楽しめるから。

まず、好きなものに手をつけてしまうと「このあと、苦手なアレを食べなくてはならない……」という思いを抱きながら箸を進めることになってしまいますよね。それだと落ち着けません。だから、なるべく早めに、苦手なものは片づけたくなるのです。

同じことが、仕事にもあてはまると考えています。これから仕事をしようとする際、ましてや週の初めなど、仕事をする気にならないタイミングであればなおさら、楽な仕事から片づけていこうと考えてしまいがちです。

しかし、**楽な仕事を先に片づけるということは、「楽ではない仕事」「やりたくない仕事」があとに残ってしまうということ**です。すると、精神的なつらさが増大してしまいます。だから、「やるべき仕事（本当はやりたくない仕事）」から先に手をつけるべきなのです。

なお、そこにはもうひとつ大切な根拠があります。

仮に、どう転がってもやらなければならない仕事が3つあったとします。そういう場合、最初のひとつを終えると「ひとつ終わらせたぞ」という達成感と安心感を覚えることになります。ふたつ目を終えたら、また「ふたつ目も終わったぞ」と達成感と安心感に包まれることでしょう。

３つ目を終えたときもまた同じで、つまりは「やるべき仕事」を終えるたびに気持ちが楽になっていくのです。

僕はそれを、「ポケットに小銭が増えていくような感覚」だと捉えています。小銭は増えれば重たくなりますが、仕事をひとつ終わらせるごとに気持ちは軽くなっていくのです。

つまり、「やるべき仕事」をひとつひとつクリアしていけば、どんどん気持ちも楽になっていくということ。すると、その先に残っている「やりたい仕事」に、さらに楽しく臨めることになります。

と断言しているのは、実際に僕自身がそうやって日々の仕事をこなしているから。毎日締め切りがあるような生活を送っていれば、当然のことながら「やるべき」だとわかっていながら気の進まない仕事にも直面するものです。

しかし、だからこそあえて目を背けず、「やってやろうじゃん」と真正面から取り組む。そうすれば、結果的にポケットの小銭は増えていき、気持ちも安定してくるのです。

5 効率を重視すればすべてがうまくいく……わけでもない

たまった仕事は「ひとつひとつ終わらせる」に尽きる

僕には毎日締め切りがあります。ものを書くようになってからずいぶん経ちますが、まさかそんな時代が訪れようとは思ってもいませんでした。そう、それは自分の能力の問題ではなく、むしろ時代の影響なのです。

インターネットが出てくる以前、おもに仕事の場は紙媒体でした。たとえば月刊誌の場合であれば、発行日時から「校正・校了～入稿～執筆」といった具合にスケジュールを逆算していけば、いつまでに仕上げればいいかのめどがついたのです。

そこに間に合わせればいいので、自分の裁量次第では時間をつくることは不可能ではありませんでした。

ところが、執筆の場がウェブメディアへ移っていった結果、いろいろなことが大きく変わりました。当然ながら、ウェブメディアの場合は印刷する必要がありませんし、早い話が（校正などの作業さえすれば）いつでも記事を公開することができます。

すると「スケジュールを逆算し、いつまでに仕上げればいいかのめどをつける」必要はなくなります。それは、書き手から時間的猶予が失われたということでもあります。だから、結果的に「毎日入稿」ということになったわけです。ある意味で、書き手の本当の力量が試される時代になったともいえるかもしれません。

ただ、僕は基本的に仕事が好きですし、「毎日入稿」も習慣になればそれほど苦しく感じません。やればやっただけ結果が残るので、モチベーションも段階的に高まっていきますし。

などとかっこいいことを書いてはいますけれど、僕だって常に絶好調だというわけではありません。仕事がたまれば頭からそのことが離れなくなりますし、焦りも生じてきます。しかも、好きな仕事ではない場合は、とくに「なんとなくやる気が出ない」ということにもなりがちです。

だから、そんなときには無意識のうちに、「少しでも早く、効率的に終わらせなければ！」と自分を追い込んでしまったりもします。僕だけではなく、仕事に携わる誰しもが経験することではないでしょうか？

たしかに、無駄を省くことは大切ですし、そういう意味では効率を意識したくなることも間違いではないと思います。ただし問題は、効率を重視すればすべてがうまくいくというわけでもないという現実。そんなに単純な問題ではないのです。

なぜなら、**効率にばかり意識が向いてしまうと、必然的に「効率的に仕事を進めること」自体が目的になってしまう**から。つまり場合によっては、仕事のクオリティが下がってしまいかねないわけです。でも当然ながら、それでは本末転倒というもの。

では、どうすればいいのでしょうか？

経験的にいうと、そんなときこそ、やるべき仕事をコツコツ進めるに限ります。「当たり前すぎ！」とツッコミが入りそうですが、その点を忘れている人は意外に多いのではないでしょうか。その当たり前のことがうまく進まないからこそ、悩むことになってしまうのです。

いうまでもなく、その原因は、「効率的に進まない」「効率を意識しすぎるあまり、クオリティが下がる」という2点。

したがって、慌てず、効率ばかりを考えすぎず、あえて落ち着いて「最初に終わらせるべきこと」に集中するべきなのです。それが終わったら、「次に終わらせるべきこと」をきちんと進める。その次は……と、とにかくやるべきことを「ひとつひとつ終わらせる」ということ。

やってみると実感できると思いますが、結局、それがいちばん効率的です。

過度な「効率重視」は「事故」の可能性を高める

効率ばかりを意識してショートカットしようとするのは、遠回りのルートを避けて近道を進むことに似ています。近道を進めば早く目的地に着けそうに思えますが、現実的には決してそうではないのです。「近道を利用して早く進まなくちゃ」ということだけで頭がいっぱいになってしまうと、運転に集中できなくなるかもしれません。その結果、思わぬ事故を起こしてしまう可能性だってあります。

また、そこまでいかなくとも、渋滞にハマっただけで必要以上にイライラしてしまうということだって考えられます。

仕事にあてはめてみれば、「事故」は不注意を原因とするミスに相当するのではないでしょうか。**「早くやらなきゃ」ということだけに神経を持っていかれてしまうから、仕事で見逃すべきではない重要なことを見逃してしまったりするわけです。**しかし、小さなミスならともかく、それは取り返しのつかない失敗にもつながりかねません。

また「思っていたほど効率的に進まなかった」などの理由からイライラしてしまったとしたら、そこでまた仕事のクオリティは下がり、効率もいっそう落ちてしまうことでしょう。その結果、周囲の人に文句をいったり、当たり散らしたりしてしまう可能性すら否定できません。

けれども、そんなことになったら最悪そのもの。「あいつは自分の仕事がうまくいかないと人のせいにしたり、キレたりする」というようなイメージがついたら、以後の仕事にもよくない影響を与えてしまうことになってしまいます。

結局のところ、

①焦らず、

②目の前に仕事がたまっているならひとつひとつ、じっくりと片づけていく。

これに勝る手段はないのです。

6「ひとつひとつ終わらせる」ことに意味がある

シングルタスクはマルチタスクに勝る

ビジネス書などでは、「仕事を効率的に進めたいのなら、〝マルチタスク〟を取り入れるべき」というような記述をよく見かけます。マルチタスクはもともと、ひとつのコンピュータが複数の情報処理を同時におこなうことを意味する専門用語でしたが、やがてビジネスにおいても複数の仕事を同時進行させることを意味するようになりました。

つまり、「いくつものタスクを同時にこなせてこそ、デキるビジネスパーソン」だということになるのかもしれません。

ただ、個人的にはそうは考えていません。もちろん人それぞれですから、マルチタスクが向いているタイプもいらっしゃるでしょう。けれども、もし本当に効率よく、しかもクオリティを下げることなく仕事を進めたいのなら、〝シングルタスク（ひとつの作業に集中すること）〟に勝るものはないと考えているのです。

たまった仕事を「ひとつひとつ終わらせる」作業は、たしかに地味かもしれません。イメージ的にも、複数の仕事をバリバリこなしている（ように見える）ほうが〝デキるビジネスパーソン〟に見えやすいでしょう。

とはいえ、**そんなイメージに気を取られている時点で〝デキるビジネスパーソン〟としては失格**なのではないでしょうか。大切なのは、そんなことではなく、あくまで「きちんと仕事をすること」だからです。

人からどう見えたとしても、自分の目から見てもかっこよくなかったとしても、そんなことはどうでもいいのです。

むしろ「あの人って、アクティブでかっこよさそうに見えるけど、実際の仕事はたいしたことないよね、薄っぺらいし」と笑われるよりも、「あの人ってすごく地味で目立たないけど、じつはきっちり仕事をしてるし、とにかく妥協をしないよね」と思われるほうがずっといいはず。
かっこよさの問題ではありませんけれど、それこそが本当の意味での〝デキるビジネスパーソン〟であることは間違いないと思います。

そもそも効率を重視するのであれば、シングルタスクのほうがはるかに有効です。

マルチタスクの場合、同時に複数の仕事の状況（と、以後の進め方）を意識しなければなりません。すると必然的に、個々のタスクに向けられた集中力は薄まっていくことになります。

「集中」とは「一箇所に集めること」です。仕事に置き換えれば、全神経をひとつの仕事に集約させるということです。そう考えれば、ひとつの仕事に集中することが、いかに強力であるかは想像に難くないでしょう。

しかし、複数の状況を把握する必要があるのだとしたら、「集中」させるべきものを多少なりとも分散させる必要に迫られることになるはず。だとすれば、個々のタスクのクオリティが下がったとしても、まったく不思議ではありません。しかも、クオリティが下がったとしたら、上司からやりなおしを命じられる可能性すら生まれてしまいます。

そうなると、時間が倍かかることになりますから、まったく効率的とはいえません。

だからこそ、目先の「効率よく見える感じ」を重視するのではなく、「地味に見えるけれど確実に進められる手段」を優先すべきなのです。

そう考えると「ひとつひとつ終わらせる＝シングルタスク」に勝るものはない、ということがおわかりいただけるのではないでしょうか。

ひとつ終わらせることで心にゆとりが生まれる

また「ひとつひとつ終わらせる」ことには、もうひとつ精神面で大きなメリットがあります。それは、ひとつ終わらせるごとに心にゆとりが生まれること。

「よし、ひとつ終わった」という小さな達成感を得ることができたら、それは次の仕事への原動力になっていきます。それがまた、次の仕事のクオリティにつながるのです。

ひとつひとつ地道に進めていけばリズム感が生まれ、やがて道筋が見えてくるわけです。小さなことではあるけれど、これはとても大切なことだと思います。

終わらせなければならない仕事がたくさんあったとしたら、当然のことながら焦りを感じることになるでしょう。しかし、だからこそひとつひとつ順番に終わらせることが重要なのです。

一見シングルタスクは、マルチタスクよりも効率が悪く見えるかもしれませんが、むしろそれは逆。ひとつ終わらせることで心にゆとりが生まれるため、次の仕事にもよい影響が生まれるのです。

乗らない仕事は途中でやめよう

仕事は必ずしもバランスよく巡ってくるとは限らず、忙しいときに限って急ぎの仕事が舞い込んできたりするものです。困ったことですが、仕方がないことでもありますよね。しかも、多くの場合は「忙しいんだからできませんよ」というわけにはいかないのですから、どっちにしたって対応するしかありません。

そこが変えられないのだとしたら、残されている手段はただひとつ。〝段取り〟を考えることです。もちろん、シングルタスクが理想ではありますが、そうもいかないのなら、少しでも負担がかからないように段取りを組む必要があるわけです。

複数の仕事が重なってしまった場合は、前述したように「やるべき仕事＝やらなければならない仕事」や「気乗りしない（けれど重要な）仕事」を先に片づけてしまうことが鉄則。嫌な仕事を早めに手放したほうが、あとあと精神的に楽だからです。それどころか、ひとつ片づくたびに、気持ちも少しずつ楽になっていくことでしょう。

ただし、そうやって進めていく過程において、注意すべきこともあります。

仮に、綿密に順番を組み立てて進めていったとしても、そのとおりにことが進まない場合も往々にしてあるものです。「やってはみたけど、思っていた以上にやる気の起こらない仕事だった」とか、「予想以上に時間がかかりそうで、あとに待っている仕事に影響してしまいそうだ」とか。**人間である以上、最初から完璧にルートをつくったとしても、うまくいかないということはいくらだってあるわけです。**

そこで大切なのが、無理をしないこと。非常に簡単な話です。たとえば仕事を進めていく過程で「気分が乗らない仕事」が目の前に陣取って邪魔をするなら、必要以上に自分を追いつめるべきではありません。そうではなく、「気分が乗らないから、いったん途中でやめよう」と思い切ることも、ときには重要なのです。

なぜって、気分が乗らない以上は乗らないからです。それは仕方がないこと。「先にやると決めたんだから、とにかく終わらせないとスジが通らない」などと正論めいたことを考えたところで、それは結果にはつながりません。なぜなら、「ダメなときはダメ」だからです。

真面目な人ほど「完璧にこなさなければいけない」「最初に決めたとおりにやらなければ」などと考えてしまいがちですが、そもそも人間は完璧ではありません。「ダメなときはダメ」であり、だから「ダメなとき」は、とりあえずその仕事を脇へ置いておく勇気を持つことも必要です。

もちろん、作業を中断して脇へ置いておくためには、勇気が必要かもしれません。しかし現実的には、そうしたからといってダメになるというケースはあまりないものです。

それどころか、とりあえず脇に置いておく、すなわち短期的に距離を置くことで、その仕事を客観的に見ることができるようになったりもします。

いわば、**その仕事に向き合う気持ちをリフレッシュさせることができる**のです。

そこまでたどり着ければ、もう怖いものはありません。ほかの仕事を先に終わらせてから改めて向き合ってみれば、気分が乗らなかったときには見えなかったことが見えるようになったりするものだからです。

乗らない仕事は、とりあえず途中でやめる。最初は難しいかもしれませんが、それは大切なことです。気持ちが乗らない仕事に振り回されるのではなく、仕事をコントロールする必要があるのですから。

うまく進まない仕事はいったん「寝かせる」

やる気はあるのに、なぜか仕事が進まない――。残念ながら、そんなことはあるものです。しかも〝仕事が進められない自分〟を意識してしまうと、「なんで進められないんだ」と、つい自分を責めてしまいがちでもあります。

つまり「進められない＝自分はダメなやつ」という厄介な思考に陥ってしまうわけで、そうなると必然的に焦りが大きくなっていくでしょう。そればかりか、「自分はダメだ」という自己否定感だけが肥大化し、どんどん負のスパイラルに飲み込まれていくことになるかもしれません。

ただし、思うように進まないとしても、それは必ずしも個人の能力の問題ではありません。その仕事との相性の問題だったり、「こういう成果を生み出さなければ」と理想を大きく掲げすぎてしまったためだったり、あるいは気候や健康の影響だったり、なんらかの理由が絡んでいるはずです。いわば、誰にでも起こりうることなのです。

もちろん僕だって同じ。事実、本書を書き進めている過程においてでさえ、何度も壁に直面しています。「偉そうなことを書いているくせに」と思われるかもしれませんが、著者である以上、誰でも同じように苦しみながら書いているはずです。それをわざわざカミングアウトする人は、あまりいないかもしれませんけれど。

という余談はともかく、では、そんなときにはどうすればいいのでしょうか？

これもまた経験からいえることなのですが、思うように進まない場合は、一度その仕事から離れてみるべきです。少し離れて、「寝かせて」みるのです。

仕事が進まないときにおすすめする「ふたつの手段」

なお僕の場合、仕事が進まないときのために、シンプルなふたつの選択肢を用意しています。

①作業をキッパリやめ、まったく別のことをして頭を切り替える

②とりあえず、できるところまでやってみて、あとは翌日などに手をつける

まず①は、もっともオーソドックスな手段。進まないなら、どう転がったって進まないのです。

だとしたら、「(少なくとも、いまは)できません」と開きなおってしまうべき。バシッと頭を切り替えて、別のことに意識を向けるわけです。あとからやろうと思っていた仕事を優先してもいいでしょうし、本を読んだり散歩をしたり、まったく関係ないことをするというのもアリ。

目的は、障壁となっていた〝進まない仕事〟から距離を置くことです。そうすれば、いつしか気持ちがリフレッシュされ、進まなかった仕事も進めやすくなるのです。

なお気をつけたいのは、短時間でなんとかしようとするのではなく、ある程度の時間を置くこと。「10分だけ離れよう」などと考えたのでは、リフレッシュできるはずもありませんから、ある程度の時間、「寝かせて」おくべきなのです。

②は、少しだけがんばってみるスタイル。**「完璧な仕事をしよう」など考えず、その時点でできる範囲のことをやってみようという考え方です。**

ただし基本的には〝できない沼〟にハマっている状態でこなすわけですから、そうそううまくいくとは限りません。したがって、できるところまでやって、できなくなったら留保する。

そこから先に関しては、「続きはあすやろう」ということにするわけです。

実感のある方も少なくないと思いますが、「寝かせる」ことには確実な効果があります。寝かせてみれば、余裕がなくなっている状態でやっていた仕事のアラが見えてくるからです。

したがって、それが見えてきたならあとは修正するだけ。あるいは気分が一新した状態でリスタートすればいいということ。合理的に進めれば、いろいろなことがクリアできるはずです。

やっている仕事に疲れたら、違うタイプの仕事をする

どんな仕事であれ、続けていれば必然的に疲れてくるものです。それに作業が長引けば長引いただけ、仕事の鮮度は失われることにもなります。同じことを長時間にわたって続けていると、斬新なアイデアが出にくくなるなど鮮度が落ちてくるわけです。

また、たとえ好きな仕事であろうと、時間の経過とともに飽きてきたり、苦しく感じるようになってくることも考えられます。好きな仕事でもそうなのですから、苦手な仕事だったとしたらさらに苦しくなることでしょう。

でも、考えてみれば、それは当たり前のこと。つまり人間は、同じことを繰り返すことがあまり得意ではないのではないでしょうか？

だとすれば、いったんその仕事から距離を置いてみるべきです。一晩寝かせておいてもいいでしょうし、そこまでしなくても、違うタイプの仕事をして頭をリフレッシュさせることも有用。

疲れを感じてきたのであれば、一度キッパリと気分転換する必要があり、その際には

別な仕事をしてみることも重要な意味を持つわけです。

なお、その際には大切なポイントがあります。ずばり、いままでやっていた（その結果、疲れを誘発した）仕事とは、なるべくタイプの異なる仕事をしてみるということ。**なにしろ、気持ちを切り替えることが目的なのですから、似たような仕事をしたのではなにも変わりません。**

それどころか気分が変わらないのですから、「やっぱりつらいじゃん」と必要以上にネガティブな気持ちになってしまうかもしれません。そうなるとモチベーションも低下し、仕事の質にも影響を与えることになります。

だからこそ、なるべく違う性格の仕事を気分転換のために「利用」するべきなのです。そうすれば、どちらの仕事に対しても鮮度を感じるようになれるはずです。

第2章

「すぐやる人」は午前中に9割終わらせる

1　朝、目覚める直前の「ゆるいスケジューリング」

「楽な目覚め」を習慣化できたコツ

朝に目が覚めたとき、あるいは目が覚める直前で意識が朦朧《もうろう》としているときなどには、ともするとネガティブな気分になってしまいがちです。「ああ……起きたらきょうもまた、仕事に追われることになるのか……」というように。

ましてや月曜日となれば、さらに落ち込んでしまうことになるかもしれませんね。

そう強く実感できるのは、かつての僕がまさにそういう感じだったからです。

とくに会社勤めをしていたころは、鬱な気分のまま起床すること自体が通常ルーティン。どよ〜んとした空気を身にまといながら起きるわけですから、あのころの朝は家庭内にもピリピリとした空気が流れていた気がします。

しかも、そのあとには通勤地獄が待っており、会社に着いたら着いたでいろいろなことが起きるので、さらにネガティブ感が上書きされてしまったりしたのでした。

ただし、フリーランスになったからすべてが解決した……というようなことはまったくなく、当然ながらフリーランスにはフリーランスならではの苦悩があるもの。ですから振り返ってみれば、なかなか楽ではありませんでした。

でも、幸いなことに、そんないくつもの壁を乗り越えてきた現在は、比較的穏やかな朝を迎えられるようになっています。この先、また新たな壁にぶつかる可能性だって大いにあるでしょうが、それを「とりあえず乗り越える」術は身についたような気がしているのです。

なぜなら、**少しでも楽な気分で起きるためにはどうしたらいいかを考え、それを実践してきた**から。その結果、「楽な目覚め」を習慣化できるようになったわけです。

穏やかに目覚めるために僕が実践してきた「意識すべきポイント」は次の2点です。

①「この朝」を受け入れる
②目覚める直前に1日の「ゆるいスケジューリング」をする

「ゆるいスケジューリング」で朝を受け入れよう

①については、「なにを当たり前のことを」と感じる方もいらっしゃるかもしれません。しかし、その当たり前のことをクリアできないまま起きている人も少なくないのではないでしょうか。だから、朝が重たくなってしまうのです。

たしかに、朝が必ず爽やかなものであるとは限りません。とはいえ、明るい気分で起きようが、暗い気分で起きようが、その先には間違いなく一日が待っているのです。だとすれば、少しでもいい方向に向けたいと考えるのは自然なこと。だからこそ、始まろうとしている一日を受け入れるべきなのです。

とはいえ、意気込む必要はありません。

「ああ、始まってしまう……嫌だ……」とネガティブになるのではなく、かといって「絶対に素晴らしい一日にしてみせるぞ！」などと無理をして張り切るのでもなく、ただ冷静に「朝が来た」ことだけを受け入れるのです。

大切なのは、それ以上のことを考えそうになったら、思考をバシッと断ち切ること。そのまま放っておいたらまた「……嫌だ……」となってしまう可能性があるので、そうならないようにする必要があるわけです。

　ただ、単に遮断するだけでは、時間が経てばまた余計なことを考え始めてしまうことになるかもしれません。そこで代わりにすべきが、②の「ゆるいスケジューリング」です。「つらい」「嫌だ」というようなことを考えないように意識しながら、「きょうはこれをして、あれをして、それが終わったらこれをして……」というように、機械的に一日の段取りを組むのです。「やるべきこと」を俯瞰《ふかん》するのです。

　この方法が有効なのは、感情が介入しないから。うれしいとも苦しいとも考えず、頭のなかでただタスクを羅列《られつ》する。そして、指差し確認をするような要領でそれらを確認する。あえて余計な感情を排除するからこそ、その日に起こるさまざまなことをフラットに受け止めることができるのです。

もちろん、感情を排除して受け入れることは簡単ではありませんから、最初のうちはうまくいかないと感じることもあるでしょう。でも、それはいつか乗り越えられるハードルです。なぜなら人間は、慣れることのできる動物だから。慣れないうちはうまくいかなかったことも、続けていれば習得できるものなのです。

目が覚めたばかりで頭がボーっとしているころ、起きる前に、その日やるべきことを機械的に思い出し、順序立てて「ゆるいスケジュール」を組む。

やるべきことはそれだけです。続けていれば、きっと身につきます。そして一度身につけることができれば、朝起きることが精神的に楽になっていきます。生きていくということは、一日一日を繰り返すことです。だからこそ、ぜひ試してみてください。

2 朝はルーティンワークが冴える「神時間」

ルーティンワークには〝無意識の充実感〟がある

みなさん、朝に目が覚めたら、以後はどんなことをするでしょうか？

人によって多少の違いがあるとはいえ、基本的には誰にも共通する「毎日のルーティン」があるのではないかと思います。先述した、洗顔、歯磨き、着替え、朝食などなど。

では、そういったことをする際、「なぜ私は顔を洗うんだろう？」とか、「どうして着替える必要があるのだろう？」などといったことを考えるでしょうか？

考えるはずがありませんよね。なぜならそれらは、「考えるまでもなく、やって当然」のことだからです。いちいち意味や目的について考える必要などなく、ましてや好きとか嫌いとかの問題でもなく、**多くの場合は、そこに「やらない」という選択肢など存在**

しないわけです（「いや、自分は歯を磨かないことにしているんだぞ」などという方だっていらっしゃるかもしれませんが、そういうタイプは特殊な部類に入ると思うので、ここでは例外ということで）。

いってみれば「ルーティンワーク」とは、そういうものなのではないでしょうか？ もし「やりたくない！」と強く感じるのであれば、やらなければいいだけの話。しかし、そもそも「やりたくない！」などと感情的になる必要などないほど、当たり前すぎるということです。

しかも、意識する機会はあまりないかもしれませんが、「毎日決まったことをする」のは心地よいことでもあります。

たとえば、顔を洗えばスッキリして「きょうも一日がんばろう」と前向きになれますし、なによりそれが毎日の習慣になっていることが重要。きのうと同じことをきょうもすれば、そこには両日をまたぐリズムが生まれるからです。

さらに、翌日にも同じことをすれば、リズムは持続することになります。毎日のルーティンが生み出すひとつひとつのリズムが合わされば、そこには大きなグルーヴ（うねり）が生まれ、それは一日の活力になります。

そして「きょうもまた、同じことをした」という〝無意識の充実感〟は、規模は小さいかもしれないけれども、間違いなく活力になっていくのです。

なぜルーティンと午前中は相性がいいのか？

でも、なぜルーティンと午前中は相性がいいのでしょうか？

まず注目すべきは、起きたばかりの時間帯の脳の状態です。端的にいえば、朝にルーティンをおこなうことで脳を目覚めさせれば、そこから続く一日の仕事に大きな好影響が生まれるのです。

そして、そのことに関連して無視できないのは、毎日のルーティンをおこなうことによって得られる「規則正しい生活を送っている」という充実感です。これは、決してバカにできることではありません。

たとえば28ページでも触れたように、かつての僕は「午前2時に寝られれば早いほう」という夜型の生活を送っており、それなりに充実しているような気になっていました。

それが単なる勘違いだったと気づいたのは、朝型に切り替え、朝のルーティンをこなす習慣がついてからのこと。**朝型にしてみた結果、早く起きて毎日決まった同じことをすると、純粋に気持ちがよく前向きになれるということがわかったのです。**

ですから、ブレインコーチとして活躍する著者が書いた『LIMITLESS 超加速学習 人生を変える「学び方」の授業』（ジム・クウィック著、三輪美矢子訳、東洋経済新報社）のなかに、以下のような記述を発見したときにも大きく共感できたのでした。

なぜ朝のルーティンが大事なのだろう？　一連の簡単な行動で脳を目覚めさせ、一日をトップギアで始めることには計り知れないメリットがあると、僕は確信している。一日の早い時間に勝利のルーティンを作れたら、世界的指導者のトニー・ロビンズが言う「勢いの科学」の恩恵も受けられる。一度コマが回りだしたら、静止状態から始めるよりはるかに少ない労力で達成し続けられるという考え方だ。

ここからもわかるように、「規律正しい朝のルーティン」はとてもよい影響を与えてくれるのです。長きにわたって自堕落な生活を送ってきたからこそ、なおさらそう感じます。

「いやいや、午前中は頭がボーっとしちゃうんで、スッキリなんかするはずないです」というご意見もあるかもしれませんが、それは朝のルーティンを習慣化することで確実にクリアできます。実際にやってみれば、それは比較的短期間で実感できるはず。騙されたつもりで、ぜひとも一度試してみてください。

個人的な「午前中に効くベストルーティン」

考え方も体調も人それぞれですから、「すべての人に確実な効果を及ぼす、午前中のベストルーティン」など存在するはずがありません。自分にとってのベストルーティンは、いろいろ試してみて自分で探し出すしかないのです。

ですから、それを見つけるまでには相応の時間がかかるかもしれません。「やってみたけど、結果的にはうまくいかなかった」というケースもあるでしょう。そんなことを繰り返していたら面倒になり、探し出すのを放棄したくなることも考えられます。

しかし、絶対にあきらめるべきではありません。もし**時間がかかったとしても、いつか必ず、自分にフィットするルーティンを見つけられるはず**だからです。

だいいち、そんなに堅苦しく考える必要などないのです。あくまで、「これがいいかも」と感じたものを試してみればいいだけなのですから。それでうまくいかなかったら、また違う手段を試してみる。それだけのことです。

なお、20ページと少し重複しますが、改めて、もう少し詳しく僕の「午前中のルーティン」をご紹介しておこうと思います。

- 起床（6時半ごろ）
- ベッドのなかで読書（7時ごろまで）
- 洗顔（7時ごろ）
- 着替え（7時ごろ）
- 書斎に入ってPCの電源を入れ、メールやブラウザなどを立ち上げる（7時ごろ）
- 朝刊を取ってくる（7時半ごろ）
- トマトジュースを飲む（7時半ごろ）
- コーヒーを淹れる（7時半ごろ）
- 朝刊を読みながら朝食とコーヒー（8時ごろ）

・歯磨き（8時ごろ）
・ラジオ体操（8時ごろ、168ページ参照）
・書斎でメールやニュースサイトのチェック（8時ごろ）
・読書（8時ごろ）
・原稿執筆（8時半〜9時ごろ）

朝のルーティンは「テキパキ」こなすことに意味がある

だいたい起きるのは6時半ごろですが、目が覚めたら少しだけ、ベッドのなかで読書をします。過去の著作でも書いたように、この**「起きる前の読書」は意外と効果的**。頭が冴えているので、意外なくらいにペースよく進むのです。

なお、「もう少し読みたいな」と感じているところでスパッと終わらせることもベッド読書のコツのひとつ。そうすれば「早く先が読みたい」という思いが残るので、次の読書時間への意欲が高まるわけです。

起床後に洗顔したら、次いでトマトジュースを飲むことも僕には重要。グラス一杯のトマトジュースを飲むと、刺激的な酸味で頭がシャキーンとするからです。ある意味、ここで本格的に目が覚めるといってもいいかも。

さらにその次、ドリップでコーヒーを淹れることも〝朝の儀式〟として外すことができません。以前は電動コーヒーメーカーを使ったりもしていたのですが、わざわざ一杯だけ淹れるその手間に意味があることに気づいたのです。

豆を蒸らしている数十秒の間に、これからやるべき仕事の段取りを考えることもできますし、そうやって淹れたコーヒーを飲む時間にも、心を落ち着けることができます。

朝のあれこれを済ませたら書斎に入り、メールやニュースサイトのチェックをするのですが、この時間に関してはなるべく無駄を省くように意識しています。

まとめサイトやブログなどをダラダラと眺めて時間を浪費しないように、必要なものだけを見るようにしているのです。かつて、ここに1時間くらいかけてしまっていた時期があり、時間を浪費しているなと反省したので。

そういう経験があるからこそいえるのですが、おもしろそうだなと思ってブックマークしておいたサイトやブログなどは、定期的に見なおしをすることをおすすめします。

その時点では魅力を感じたとしても、あとから客観的に考えなおしてみた結果、「よく考えると、毎日見続けるほどの価値はない」と気づかされるものも多いからです。

さて、このように、やるべきことをテキパキとこなしていくことが毎朝のミッション。この**「テキパキ」という部分に大きな意味があるのは、無自覚でボーっとPCのモニターを眺めたりしていると、あっという間に時間が経ってしまうから**です。それではもったいないですし、エンジンもなかなかかかりません。

よって、理想的なのはそれら朝の作業をリズミカルにこなし、なんとか8時台から仕事を始めること。9時を過ぎてしまうことも少なくはないのですが、そのたびに反省し、「あすはなんとか8時台から仕事を始めよう」と意気込むようにしています。

3 眠気とは戦わない

昼食後に眠くなるのは仕方ない？

ランチのあとに眠くなってしまうという方は、決して少なくないと思います。食後に眠気を感じるのは、体内で血糖値が上がるためだというのは有名な話ですよね。

ご飯やパン、麺類など、糖質を多く含む炭水化物を摂取することで血液内の糖分が上昇することが原因だというので、なるべくそれらを摂らないようにすれば、ある程度は改善できるのでしょう。ですから、**まずは食生活の改善を試みてみるのもいい**かもしれません。

とはいえ現実問題として考えると、ビジネスパーソンにとって、それはなかなか難しいことでもあります。飲食店のランチメニューには、炭水化物系をたっぷり含んだ料理が目立ちますし、店頭に出ているサンプルを目にした結果（午前中の仕事で疲れていることもあって）、ついガッツリ系のものを選んでしまいがちだったりもします。

また、そこに職場の人間関係が絡んできたりするのも難しいところ。たとえば、上司や同僚と外食するとき、周囲がカツ丼やハンバーグ定食などをチョイスしているなか、「僕は炭水化物を食べないようにしているので」などと公言してサラダだけにしたりしたら、なんとも微妙な空気が流れてしまいます。

必ずしも間違ったことをしているわけではないので、おかしな話ではありますが、仕事には多少なりともそういう事情が絡んでしまうもの。そのため止むに止まれず、あるいは「食べたい」という欲求に抗えず、結局はカツ丼を食べてしまうなどということは充分に考えられるのです。

しかし、そうなると血糖値は必然的に上がるので、食後、すなわち午後の仕事が始まるころにはまた自動的に眠気に襲われることになります。

すると、**そこから数十分は地獄の時間**です。なにしろ午後にも、やらなければならないことはたくさんあるので、なんとか集中しなければなりません。それなのに、眠気は容赦なく攻撃をしかけてくるのですから。

そうなってしまったら、もう逃げ道なし。眠気がぐいぐい攻めてくるので集中できるはずもなく、やるべき仕事だけが山積していく……。そればかりか「○○の企画書はどうなってる?」などと上司に聞かれたとき、不覚にもうつらうつらと船を漕いでいたりしたら、信用すら失ってしまうことになりかねません。

眠気と戦うのは時間の無駄

では、どうしたらいいのでしょうか?

答えはいたってシンプルです。仮眠をとればいいのです。もし周囲の視線が気になるのであれば、「少し眠ります」と宣言するのがいいと思います。

冗談ではなく、それは有効な手段。食後に眠気を感じる人は少なくないので、大概の人は「そのほうが効率いいよね」と理解してくれるはずです。

だとすれば、いっそ午後の仕事の前に一斉に眠る「お昼寝の時間」をつくればいいのではないかという気もしてきますが、さすがにそれは難しい。ですから、眠りたい人が眠ればいいわけです。

僕も昔、上司が**「いまからちょっと寝るからな。眠いときには10分でも寝たほうがいいから」**と告げてから堂々と眠り始める姿を見たとき、強く納得できました。

同僚のなかにも、不満を表す人はいませんでした。それどころか、ゆっくり眠らせてあげようと全員が思ったからなのか、無駄な会話が減ったほどです。それ以来、僕も眠くなったらちょっと寝るようにしていて、その習慣は現在も続いています。

ですから経験的に自信を持っていえるのですが、昼食後など、どうしても眠気に耐えられないときは迷わず眠るべきです。仮眠室などで本格的に眠るのではなく、仕事をするときと同じようにデスクに向かって椅子に座り、楽な姿勢で集中的に眠るのです。

僕はラジオを流しながら眠ることも多いのですが、短時間とはいえきちんと眠ったほうがいいので、できればそういうことは避けるべきかもしれませんね。

あるいは、イヤホンをして環境音楽など、邪魔にならない音楽を小さく流すのも悪くはない気がします。

その場合、どのくらい眠ればいいのかが気になるかもしれませんが、少なくとも僕の場合は、不思議なことにピッタリ30分で目が覚めます。人によって差はあるでしょうが、たまたま僕にとっては30分がベストな睡眠時間だということなのだろうと思います。

ともあれ、昼寝を習慣化することができれば、おのずと自分にとって最適な昼寝時間は決まっていくはず。**ポイントは、とにかく集中して眠ること。**「みんなが働いているのに申し訳ない」などと考えず、いい意味で開きなおって眠るべきなのです。

短時間の集中睡眠を終えて目が覚めたときには、頭がスッキリしていることに気づくことでしょう。この瞬間の、頭にかかっていた靄《もや》がサッと晴れるような感覚は非常に心地よいので、無理なく「さあ、午後もがんばって仕事をしよう」という気持ちにシフトできると思います。

4 デスクワークの人は定期的に立とう

「座り仕事」に疲れてきたら、立ち上がって足踏み

僕は文章を書く仕事をしているので、必然的に座っている時間が多くなります。などというレベルではなく、もう圧倒的に座っています。日本語的におかしな表現ですが、そんじょそこらの人には負けないという自負があるほどに座っている時間が長いのです。とか書いている時点で負けているのかもしれませんし、そもそも勝ち負けの問題ではないのですけれど、当然のことながらそんな自分の日常に危機感を覚えてもいます。

ふくらはぎは「第二の心臓」と呼ばれているそうですが、つまりは下肢（股関節より下、つまり脚・足）の筋肉が収縮することによって血流のポンプ機能が働くため、血液の循環がよくなるわけです。

ところが長い時間座り続けていると、当然のことながら下半身の筋肉は動きません。そのため血流や血中の脂質代謝が低下して、さまざまな悪影響を誘発するのです。

座りっぱなしの時間が長い人は、そうでない人とくらべて肥満、糖尿病、心疾患などを患う可能性が高く、寿命も短いといわれているのは、そんな理由があるから。いわゆる「エコノミークラス症候群」というやつです。

そういうことは〝情報〟として頭に蓄積されていますから、僕も座り時間を少しでも減らさなければと考えてはいます。でも仕事に追われていると、頭ではわかっていても、なかなか運動する時間は取りにくいものなんですよね。

そのため、あくまでも〝できる範囲で〟ではありますが、なるべく座り続けないように意識しています。たとえば当たり前の話ですが、1時間も座っていれば多少なりとも座り疲れを意識することになります。それをひとつの基準とし、「疲れたなあ」と感じた時点で立ち上がり、体を動かすようにしているのです。

本当は歩くのがいちばんいいのでしょうけれど、1時間ごとに散歩に出るわけにもいきません。しかも書斎は狭く、体を動かすにも限度があります。

そこでよくやっているのが「足踏み」です。椅子から立ち上がり、その場で足踏みをするわけです。あるいは、通販で買った足踏み健康器具に乗ることもあります。

ちなみにこちらは、負荷がかかるのでなかなか効果的。ノリで健康器具を購入するものの結局は長続きせず、そのたび妻に叱られたりしてきたのですけれど、これは例外的に長続きしています。僕と同じように、仕事があるため外に出づらいという方は、こういうものを利用するのもいいかもしれません。

無理なく足踏み運動を続けるコツ

ただ、足踏みするにしても健康器具を使うにしても、そうしているあいだは時間を持て余すことにもなりがちです。

なにしろ、ただ足踏みしているだけなので、非常に退屈。「運動不足だから、これをやらなきゃいけないんだ」というような義務感が肥大化してくることもあり、そうなると次第に続けることが困難になっていく可能性もあります。

でも、そこでやめてしまってはまた同じことの繰り返しになってしまいます。

そこで僕の場合は足踏みをしながら、いつも観ているYouTubeチャンネルを眺めたり、NetflixやAmazon Primeなどのサブスクで短めの映画を観たりもしています。

なにを観るかにもよりますが、楽しみにしているYouTubeチャンネルには10分程度のものが多く、数年前からハマっている韓国ドラマなどにも30分程度で一話が完結するものが多いので、それらを眺めながら足踏みするわけです（はたから見れば、なかなかマヌケな姿でしょうが）。

負荷の強い足踏み健康器具に疲れてきたら、床でゆるーく足を動かしてみたり、バリエーションをつけると意外に効果的。飽きることを避けられるので、無理なく適度な運動ができます。

ただしYouTubeについては、ひとつ注意点があります。ご存じのようにYouTubeでは、お目当てのチャンネルが終了したら自動的にオススメを表示してくれたりします。そのため、ついダラダラと観続けてしまうことになる可能性も否定できないわけです。

しかも経験的にいうと、そういう場合はいつの間にか足踏みをやめ、気がつけばまた椅子に座っていたりもするのです。足踏み後の仕事の時間が侵食されてしまうわけですから、それでは本末転倒というもの。

したがって**YouTubeを利用する際には、とくに観るものをしっかりと決めておくことが大切**です。

なお、厚生労働省のサイト内には「エコノミークラス症候群の予防のために」というページがあり、そこには予防のために心がけるべきことが次のように明記されています。

これらも、また参考にしたいところです。

①ときどき、軽い体操やストレッチ運動をおこなう

②十分にこまめに水分を取る

③アルコールを控える。できれば禁煙する

④ゆったりとした服装をし、ベルトをきつく締めない

⑤かかとの上げ下ろし運動をしたり、ふくらはぎをもんだりする

⑥眠るときは足を上げる

5「見える」から仕事が進む

仕事の成果は可視化する

忙しいときには、どうしても時間に追われてしまうもの。時間に追われれば焦ってくるのも無理はなく、しかも、やるべき仕事がたったひとつしかないケースは稀《まれ》です。多くの場合は複数の仕事を抱えざるを得ないので、必然的に頭も混乱してきます。

その結果、焦る気持ちはさらに大きくなり、いつの間にやら頭のなかは大混乱。絡まった糸のような状態になってしまうため、修復はどんどん困難になっていきます。

誰でも多かれ少なかれ、そういった体験をしたことはあると思いますが、そんなときにはとにかく「整理」が大切です。

そこで心がけたいのが、やるべきことをメモしておくこと。メモが仕事の基本であるというのは、いまさら強調するまでもないことですが、それは上司などに対する（報連相的な）義務である以前に、仕事の効率化を実現するための有効な手段でもあります。

もっともベーシックな手段は、やるべきタスクをスケジュール帳に書き込んでおき、終わったものからペンで消していくこと。

すでに習慣化されている方も多いでしょうが、作業中に関してもっと実用的なのが、Ａ４の紙を利用したアイデア。Ａ４の用紙に「やるべきタスク」を羅列し、デスクサイドなどのいちばん見えやすいところに貼っておき、終わったものにはマーカーを引いて消していくのです。そうすれば「やるべきこと」と「終わったこと」を可視化できるため、慌てずに済みます。

メモが苦手？　そんな方にとっておきの可視化術

ただし現実的に、「わかってはいるけどメモが苦手」という方もいらっしゃるはず。恥ずかしながら、かくいう僕がそのタイプなので間違いありません。

子どものころからノートづくりは苦手でしたし、書くことに対する抵抗感はだいぶ減ったとはいえ、それでも習慣化したとはまだまだいえるレベルではありません。ですから、ガントチャートを使ってタスク管理をするなんてことは至難の業なのです。

しかし、それでもなんとかなっているのは、ほとんど手間のかからない最低限の方法を使っているから。方法だなんて大げさですが、これをやるようになってからずいぶん作業を進めやすくなったような気がしています。簡単な話で「ポスト・イット®」を活用しているのです。

以前、「ポスト・イット®」をまとめ買いしたとき、うっかり選んでしまった小さな15㎜×50㎜サイズの使い道がなくて後悔したことがあります。

それからしばらく放っておいたのですが、**あるときその小さな「ポスト・イット®」1枚に「やるべきタスク」をひとつずつ書き、PCに貼りつけてみたところ、思っていた以上にタスクを可視化でき、仕事がはかどるようになった**のです。

ここでは、やるべきタスクが5個あると想定して考えてみましょう。

①15㎜×50㎜サイズの「ポスト・イット®」に1枚ずつ、やるべきタスクを書き込む（や

るべきタスクが５個ある場合「ポスト・イット®」は５枚になる）

②それらをＰＣモニターの脇の、なるべく目につきやすい場所に貼る。優先順位の高いものをいちばん左にして、そこから優先順位ごとに右へ

③いちばん優先順位の高い左の仕事から進めていき、終わった時点で「ポスト・イット®」を剥がす

④以後も左から、ひとつ終えるごとに剥がしていく

⑤貼っておいた「ポスト・イット®」がなくなったらタスク終了

スケジュール帳に書き込んだりＡ４用紙に書いたりしなくとも、これなら簡単にタスクを管理できるわけです。手間もかからずわかりやすいのでおすすめです。

６ 新聞へのアプローチで目を覚まそう

仕事前の「ちょこっと新聞」の絶大な効果

ご存じのとおり、新聞の購読者数が減っています。日本新聞協会のサイトによれば、２０００年に４７４０万１６６９部だった一般紙の発行部数は、２０２２年には２８６９万４９１５部まで落ちているのだとか。22年のあいだに、新聞を定期購読する人の数がかなり減ったことがわかります。

スマホが普及したおかげで、誰でもすぐネットニュースにアクセスでき、わざわざ新聞のページをめくる必要がなくなったのですから当然の話ですが。その結果、それまでニュースに興味がなかった人が、社会の出来事に関心を抱くようになったというケースだってあるでしょう。

とはいえ、同じ新聞の記事であったとしても、紙の新聞に掲載されているそれと、ネットニュースに掲載されるそれとには、違いがあることを意識しておく必要はあると思います。

厳密にいえば、掲載されるニュースそのものが違うわけではありません。

たとえば新聞に掲載されていたAというニュースは、ネットで公開されたとしてもAのままです。だったらなんの問題もないじゃないかと思われそうですが、問題は別のところにあります。

Aはたしかに新聞に掲載されていた記事だけれども、それだけが新聞記事ではないということです。

同じ新聞にはB、C、～X、Y、Zなどさまざまな記事も掲載されているわけで、ネットで公開されているAは数ある新聞記事の一部にすぎないのです。

つまり、**スマホで特定の記事をチェックしたということは、切り取られた新聞の一部を確認したということであり、それだけでは新聞を読んだとはいえない**わけです。

僕が新聞を取っているのも、そんな理由があるからです。

一紙しか取っていませんから、それぞれ異なる新聞の論調のすべてを確認できているわけではありません。

しかし、購読している新聞の方向性には、ある程度共感できていますし、そういうこと以前に、**「毎朝の習慣として新聞のページをめくる」という行為に大きな意味がある**と考えているのです。

もちろん、あの大きくて薄い紙の塊を扱うことはなかなか厄介ではあります。場所も取りますし、なにかと面倒ですからね。

でも、たとえ朝の数十分であったとしても、新聞を開いて記事や広告を眺め、興味のある記事を見つけたらそれを読み……という行為自体に価値を見出しているのです。

新聞には、ネットでは配信されていない記事がたくさん載っています。自分から興味を持って近づかない限り、見つけられない記事もあります。

逆にいえば、**こちらから積極的にアプローチすれば知らなかった情報に巡り合うことができる**のです。

そして、それは新鮮さとともに脳を刺激してくれます。つまり、向こう側で選ばれた記事だけが一方的に配信されてくるネットニュースにはない可能性が、そこにはあるということです。

社説を書き写す効能

なお余談になりますが、僕はときどき新聞の「社説」を書き写しています。パソコンで書いているので「打ち写している」と表現すべきかもしれませんが（そんなことばはないけど）、自分が知らなかったこと、理解できなかったことなどを、少しでも理解するためにそうしているのです。

社説は、その新聞社としての主張を表現したものですから、必ずしも僕の考え方と合致するとは限りません。場合によっては、「これは自分の考え方と違うな」と感じることもあります。

が、少なくともそれを読んで書き写せば、**「その出来事がどんなことであり、その背景にはどのような事情があるのか」**ということは大まかに理解できます。しかも書き写すことによって、さらに理解しやすくなります。

そんな思いがあるからこそ、なるべく社説を書き写すようにしているのです。毎日やっているわけではありませんし、「どうせやるなら毎日やらなければいけないよなあ」と感じてもいるのですけれど。

7 終わりの時刻がモチベーションを高める

「追い込み」があるから集中する

やるべきことがたまっているときには、かえってやる気がなくなってしまいがち。「やらなくてはならない」という義務感が、モチベーションを下げてしまうわけです。

しかしそれでも、「やらなくてはならないこと」はやる以外にありません。逃げることなどできないし、逃げたら信用を失うなど、いろいろなマイナスが生じることにもなるでしょう。とはいえ、そもそもやる気が失われつつあるのですから、集中なんかできるはずもありませんよね。

そんなときには「終わりの時刻」を設定するべきです。たとえば、いまは朝の10時で、あすまでに終わらせなければならない仕事があったとしましょう。そんなときには「15

時までに終わらせよう」というように、具体的な締め切り時刻を設けるのです。やる気がないときはダラダラと時間を無駄にしてしまったりするものですが、それでも時間は進んでいきます。

ですから、締め切り時刻を決めておけば、「あと4時間」「あと1時間」というように、残りの時間をよりリアルに感じ取ることができるようになります。

すると、知らず知らずのうちに、「ダラダラしていられない」という気持ちが大きくなってきます。そのため、自然にエンジンがかかってくるのです。

重要なポイントは、その時点では「もう時間がない」という意識が強くなっていること。早い話が「やる気がしない」などといっていられない状況にあることを、嫌でも実感できるわけで、だからこそ実力を発揮しやすくなる。いいかえれば、自分を追い込むことができるのです。

「追い込まれるのなんて嫌だ」と思われるかもしれませんが、**やるべきことがたまっているときは、なおさら〝追い込まれ効果〟に注目するべき**です。追い込まれているとき、それを実感しているときは、「嫌だ」などということを考えられる余裕はありません。

そんな甘いことを考えられる余裕がないからこそ、追い込まれているわけです。

だとすれば、あとはそこから一刻も早く抜け出る以外に方法はありません。

どうやったら抜け出ることができるでしょうか？

いうまでもなく、やることです。それ以外にはありません。

「毎日締め切りに追われている」こその実感

『新明解 国語辞典［第八版］』（三省堂）で「おいこむ」と引いてみると、「追いつめて、そこから抜け出せない状態にする」とあります。つまり自分を追い込むということは、自分を逃げ場のないところまで追いつめ、抜け出せない状態にするということです。

でも、そこまで追いつめられたとしたら、なんとかして抜け出すしかありません。しかも時間がないのです。だからそのとき、人は自分でも気がつかないうちに、持てる力を最大限に発揮するのです。

本来、追い込まれるとは苦しいことです。しかし、**うまいこと自分を追い込めば、最高のポテンシャルを生み出すことができる**のです。

ああだこうだと文句をいっている暇などないからこそ、やるしかない。「好きか嫌いか」などということを口にする余裕もなく、ただただやるしかないということです。

いかにも苦しそうですが、実はそうでもありません。「余裕がないからやるしかない」というギリギリのところまで追いつめられると、人は無意識のうちに力を発揮するものだからです。

しかも、その力は、自分が考えているよりもはるかに大きなものだったりします。「火事場の馬鹿力」ということばがありますが、まさにそんな感じ。したがって、**その仕事を終えたときには、予想以上の充実感を得ることができる**はず。

少なくとも、毎日締め切りに追われている僕は、そうやって壁を乗り越え続けています。実体験をベースにしているだけに、自信を持ってこのやり方をおすすめできるのです。

「ポモドーロ・テクニック」を意識する

実際のところ、コツコツ続けていくことは簡単ではありませんし、慣れていない方であればなおさらハードルは高くなることでしょう。そもそも人は、長きにわたって集中力を持続させることのできない生きものでもあるのですから。

事実、人間は10〜40分程度時間が経過すると、次第に集中力が弱まってくるともいわれているようです。集中力が弱まれば、おのずとパフォーマンスも落ちていくことになりますが、それは避けたいところですよね。

そこでおすすめしたいのが、「ポモドーロ・テクニック」。

２０１９年に発売された『どんな仕事も「25分＋５分」で結果が出る　ポモドーロ・テクニック入門』（フランチェスコ・シリロ著、斉藤裕一訳、ＣＣＣメディアハウス）も話題になったのでご存じかもしれませんが、イタリア出身のコンサルタントであるフランチェスコ・シリロ氏が、大学生時代に考案したという時間管理術です。

テクニックなどというと難しそうにも思えますが、まったく心配する必要はなし。なにしろ、**タイマーを使用し、25分の作業と5分程度の休息の繰り返しによって、1日の時間を区切っていくだけ**なのですから。

その繰り返し１セットが「１ポモドーロ」という単位になっているのですが、これはシリロ氏が、トマト型のキッチンタイマーを使用していたことに由来しています。トマトはイタリア語で「ポモドーロ」ですからね。

「ポモドーロ」の単位時間は自分で調整しよう

意外とシンプルなネーミングではありますが、このテクニックもまた基本的には非常にシンプルです。

①達成したいタスクや目標を決める
②ポモドーロタイマー（キッチンタイマー）を25分に設定
③設定時刻まで作業に集中
④タイマーが鳴ったら5分休憩
⑤上記①～④を4回繰り返す
⑥4回目が終わったら15～30分の長めの休憩をとる
⑦再びタイマーをセットして①～④を繰り返す

このように25分の作業と５分の休憩（＋長めの休憩）というサイクルを繰り返すことにより、容易に生産性を高めることができるわけです。

なお、急な電話が入るなど、おこなっているポモドーロを中断せざるを得ない事態になったときは、そのポモドーロを終了させ、改めて新たなポモドーロを開始すればＯＫ。

たしかにこれなら、集中力を持続することができるはずです。

もうひとつ加えるとしたら、休憩時間には軽い運動をすると、さらに効果的かもしれません。

ちなみに、集中力を持続させるのは25分が限界だというのがシリロ氏の持論。したがって、ポモドーロ・テクニックもそれを軸に開発されているわけですが、僕は適切な１ポモドーロ（25分の作業＋５分程度の休憩）は、人によって異なるだろうとも考えています。

あくまで個人的な意見ですが、**集中できる適切な時間（と休憩時間）は各人によって異なる**ため、そこはむしろ、ひとりひとりが自分にとって、最適なポモドーロを導き出すべきではないだろうかと思うわけです。

たとえば、僕にとって25分の作業はちょっと短すぎて、40分くらいの作業と10分間の休息くらいがちょうどいいような気がしています。しかし、その一方で「20分の作業と5分の休憩が最適」という方だっていらっしゃるかもしれません。

つまりは、シリロ氏によるポモドーロ・テクニックをひとつの基準としながらも、そこに縛られず、トライ&エラーを繰り返しながら、自分にもっともフィットする時間を見つけていけばいいのではないでしょうか。

第3章

不快感を7割カットすれば「コツコツ」は続く

1 ネットからのインプット量を減らす

毎朝チェックするニュースサイトを半分に！

毎朝PCを立ち上げたら、まずニュースサイトやブログなどをチェックしているという方も多いことでしょう。先にも触れたとおり、それは僕も同じです。

すっかり習慣化してもいるのですが、あるとき、いつものようにその〝習慣〟をおこなっている自分が、必要以上に疲れている気がしたのです。朝の早い時間であり、つまり活動を開始してからまださほどの時間は経っていないはずなのに。

そんななか、いくつか気になることがあることにも気づきました。

「チェックしているニュースサイトが多すぎないか？」

「そのまとめサイトを見る必要はあるか？」
「そもそも、毎日見ているブログは毎日見なければならないもの？」
「全部でどのくらいの時間がかかっている？」

ということですが、早い話、僕は自分でも気づかないうち、日常的に確認している情報の渦に飲み込まれていたのです。

でも、そのため朝から疲れていたのでは本末転倒というもの。しかも、大手のニュースサイトには、新聞社や通信社からの情報が集約されているので、ニュースサイトＡとニュースサイトＢには、同じ報道内容が転載されていたりすることもあります。

だとすれば、複数のニュースサイトを丹念にチェックしたとしても、必ずしも異なった情報を入手できるわけではないということになります。

一方、さらに問題なのは、発信源が明確化されていない情報サイト（いわゆる「まとめサイト」）の存在です。これらのサイトの問題点は、閲覧数を稼ぐことに重きが置かれていること。閲覧数が増えれば、運営者に対して支払われるお金が増える仕組みになっているため、情報の信憑《しんぴょう》性ではなく、「いかにして記事へと誘導するか」に主眼が置かれていることが少なくないのです。

「閲覧数が稼げるなら〝炎上〟も厭《いと》わない」と考える運営者が存在する可能性もないとはいえず、そのため情報の確実性よりも「いかに目立つか」が重視されがち。

しかも、恥ずかしながら僕にも経験があるのですが、**そういった真偽不明の記事は、読者の野次馬的な好奇心を刺激することがある**のです。

たとえば、まとめサイトに「いま世間を騒がせているAという事件には、Bという人物が関与しているらしい」と書かれていて、そこに興味を持ったとしたら、無意識のうちにBのことを検索していたりする。するとCという知られざる事件のことが書かれていたので、今度はCを検索してみる……というように、必要以上に時間を浪費してしまうわけです。そんなこと、自分の人生とはなんの関係もないのに（ここ、すごく重要）。

時間を使う割に得るものは少ない

しかし、そもそもとの話題に信憑性がないのですから、それは単なる時間の無駄。

毎日、次々と積み上がっていく仕事に追われているにもかかわらず、そんなことに大切な時間を取られていたのでは、なんの意味もありません。

それに、〝なんとなく、チェックしておかないといけないように思える〟、そういった情報は、仮にチェックしなかったとしても、デメリットなどまったくないものだったりします。

見なければ見ないで快適な日常を送れるし、むしろそういう余計な情報（のようなもの）を極力排除したほうが、有効に時間を使うことができるともいえるでしょう。

そこでおすすめしたいのが、毎朝チェックしているニュースサイトやまとめサイトの数を意識的に減らすこと。

「（それらのサイト内に貼られている）リンクを踏んでみたら、そっちのサイトもおもしろかった」というようなことが往々にしてあるため、閲覧（しなくてはいけないと思ってしまいがちな）サイトの数はすぐに増えていってしまうものです。

しかも、それらの多くは内容が重複しているのですから（加えて先に触れたとおり、まとめサイトの場合は、必要以上に政治的に偏っているものも見受けられます）、不要なものを削っていくべきなのです。

かくいう僕も以前、ひどいときには10種類以上の大手ニュースサイトと、5、6種のまとめサイトを毎朝チェックしていました。

しかし、時間を使う割に得るものが少ないなと気づいて意識的に見るものを減らしたので、いまでは前者は3種程度、後者は2種程度になっています。

単純計算で半分にしたわけですが、それでもまだまだ多いと思っているため、今後はさらに減っていくかもしれません（そうしたい）。しかし、だからといって情報が足りないと感じることもなく、むしろ必要な情報だけを選別できるようになりました。

ネットサーフィンを「断捨離」する

さらに、仕事の効率化を図るためには、どこかのタイミングでネット閲覧、すなわちネットサーフィンを「断捨離」する必要があります。

いうまでもなく、沼のように終わりのないそれは仕事の時間を侵食し、パフォーマンスを下げてしまうからです。

先に触れたように、毎朝チェックするニュースサイトの数を半分に減らしたことで、明らかによい結果が生まれました。朝から無駄に疲れを感じることもなくなり、「自分にとってはどの情報が必要か」と、情報の取捨選択をより正確におこなえるようになったのです。

そのため**朝の時間が増え、より効率的に動ける**ようにもなりました。

裏を返せば、以前は無駄なことに翻弄《ほんろう》されて、大切な時間を無駄にしていたということですが、多少なりともそれを改善できたわけです。

しかも元来が単純な性格なので、そうなってくると「さらに無駄な時間を排除したい」という思いが強くなりました。日常生活のなかには「どうにかすべきポイント」がもうひとつあったため、そこを改善したいと考えたのです。

それは、毎日見ているさまざまなブログの見なおし。もうずいぶん前から、**本、音楽、飲食、自然、写真など、興味のあるブログを閲覧しているのですが、いつの間にか、こちらもまた疲れる要因になっていた**のです。

さらに個人ブログの場合、毎日更新されるとは限りません。にもかかわらず、「もしかしたら新しい記事が出ているかもしれない」などと考えて訪問してしまっていたわけです。

でも更新されていなかったため、次は別のブログを覗いてみる……というようなことのために何十分もの時間を浪費していた時期があり、「さすがにそれはまずい」と感じていたのです。

当たり前だと思っていたことを疑問視してみよう

そこであるとき、長らくチェックし続けてきたブログも断捨離してみました。「本当に見る価値があるか？」と改めて考え、立ち寄るブログの数を減らしてみたのです。

さて、結果はどうだったか？

なんにも問題はありませんでした。つまり、**ずっと「役に立つかもしれない」などと思いながら見続けてきたものの、削除したところで困ることはなにもなかった**のです。

「ずっと好きだったんだから、また見たくなるのではないか」と考えたりもしましたが、そういうこともほとんどありませんでした。

もちろん、それらのブログに問題があるということではなく、要は僕個人の人生にはそれほど必要がなかったというだけのこと。誰かの役には立つのだろうけれど、僕にとってはそうではなかっただけの話です。

いずれにしても、あえて視点を変えてみて、いままで当たり前だと思っていたことを疑問視してみたら、それが時間効率化につながったわけです。

そんな経験をしたからこそ、以前の僕のようにブログ閲覧に時間を取られてしまっているなと多少なりとも感じている方には、それらの見なおしをおすすめします。

ずっと続けてきた習慣を変えるためには勇気が必要かもしれませんが、やってみればたいしたことではなかったと実感できるはず。結果的には、より有効に時間を活用できるようになるでしょう。

2 時間に追いつめられるほうがいい

「時間に追われると燃える」人になろう

やらなければならない仕事が山積すると、必然的に時間に追われることになります。それは自分の時間が侵食されることをも意味するので、放っておくと「なんでここまでやらなければならないんだ」というような被害者意識（のようなもの）が必要以上に大きくなってしまう可能性があります。

すると、さらにやりたくなくなってしまうのは当然の成り行き。こうした負のスパイラルに飲み込まれてしまうからこそ、いまやるべき仕事を少しでも先延ばししようという発想にいたってしまうわけです。

でも、それはそもそもネガティブな思考。少なくとも、そんな意識に縛られていたのではなにも解決しません。ですから、発想の転換をする必要があるのです。考え方の角度を変えてみたほうが、結果的には圧倒的に気分も楽になります。

では、どうしたら考え方の角度を変えることができるのでしょうか？

この問いに対して僕は、『『時間に追われると燃える』人になろう」と提案したいと思います。そうすれば、よりよくメンタルをコントロールできるようになり、結果として仕事をサクサクと効率的に進められるようになるからです。

実際に僕自身がそうしているので、自信を持っておすすめできます。もともと「やらなければいけない仕事」が山積みになっていると、純粋に「燃えてくる」性格だっただけのことなのですが、どうあれそれがうまくいっているのです。

具体的には、まず目の前に積み上がった仕事の全容をつかんでみてください。嫌な仕事はできることなら見たくないかもしれませんが、あえてがっちりと見据えるのです。多くの場合、その時点で「嫌だ。先延ばししたい」という発想になってしまうかもしれませんけれど、だから進まなくなってしまうわけです。

むしろやってみるべきなのは、目の前にあるひとつひとつの仕事を「終わらせたとき」

のことを具体的にイメージすること。「そのとき、どれだけ開放的な気分になるだろう？」とか、「終わったら、そのあとになにをしよう？」とか〝よい妄想〟によって自分をたきつけるのです。

そうすれば必然的に、やらなければいけない仕事をやることは、苦ではなくなっていきます。なにしろ〝その先〟が念頭にあるのですから、「早くそこにたどり着くようにがんばろう」という発想にいたるわけです。

つまり、それが「時間に追われると燃える」状態。そういう気持ちで臨んだほうが、仕事は間違いなくうまくいきます。否定的な気分で先延ばしにすれば、短期的には現実逃避でき、ちょっと気分が楽になったように思えるかもしれません。しかし、残念ながらそれは錯覚でしかありません。本当の意味でいい仕事をしたいのであれば、積み上がった仕事の圧に負けず、「やってやろうじゃん」と燃えるべきなのです。

「いつでも大丈夫」がいちばん危険

そのような理由があるからこそ、僕は仕事で追いつめられることが大好きです（ヘンな表現ですけれど)。

少なくとも仕事に関しては、追いつめられれば追いつめられるほど燃えてくるからです。追いつめられることで、闘争本能を刺激されるということなのかもしれません。

などと書くと、なんだか変態チックですが。でも、仕事との向き合い方に関しては、それでいいと思っています。

しかしその反面、そんな僕には圧倒的な弱点があります。

僕にはというより、「追いつめられて燃える人」すべてにあてはまることかもしれませんが、**「お忙しいでしょうから、(締め切りは)いつでも大丈夫ですよ」などと気を遣《つか》われると、とたんに牙を抜かれたような気持ちになってしまう**のです。

そういうやさしいことばを投げかけてくれる人は、どんな職場にも、どのような仕事をしている人の近くにもいるものです。忙しそうに見えるこちらのことを心配してくださっているからこそ、そういった提案をしてくださるのでしょう。それ自体は、とてもありがたいことです。

しかし「いつでも大丈夫ですよ」は、そのことばを投げかけられた人のやる気を喪失させることになる場合もあるのです。

「いつでも大丈夫なら、とりあえず置いておいて別のことをしよう（先延ばししよう）」

↓

「いつでも大丈夫なら、アイデア出しや実務を急ぐ必要もないよね」

↓

「あれ？　そういえば、あの仕事はどうなってたっけ？」

↓

「やばい！　締め切りまでもう時間がないじゃん！　いまからやるなんて無理！」

当たり前の話ですが、こういうことになってしまっても不思議はないわけです。

しかも、こういう形で追いつめられるというのは、ここでいう「時間に追われると燃える」とはまったく次元が違います。

「時間に追われると燃える」のは、自分で時間をコントロールしようという意志がバックグラウンドにあるからです。

しかし、「いつでも大丈夫ですよ」に甘えて先延ばしし、その結果として追いつめられた場合は、どこにも逃げ道がなくなってしまいます。すなわち、これが「いつでも大丈夫ですよ」の危うさなのです。

少なくとも僕は、そういった気遣いをしていただくよりは、「締め切りは○月○日で、申し訳ないのですが、これ以上はお待ちすることができません」と、はっきり伝えていただくことに誠意を感じますし、それを口に出せる人は信用に値するとすら感じます。

だからこそなおさら、その誠意に応えなくてはいけないと感じ、それがモチベーションアップにもつながるのです。

3 適切な長さのメールを書こう

長文メールは自殺行為

話すことが嫌いなわけではないのに、中途半端にコミュ障チックなところがあるため、電話では過剰なくらいに緊張してしまう――。

かつての僕にはそんな、なんとも面倒くさい側面がありました。滑舌が悪いこともあって、電話だと必要以上にアワアワしてしまったり、なにかの芸かと思いたくなるほど早口になってしまったり……。

いまではだいぶ改善されましたが、伝達手段が電話しかなかった時代には、電話をかけなければならないときには緊張し、まず軽く深呼吸するような感じだったのです。

そのため、やがてメールが登場すると（ちょっと大げさですけれど）目の前の視界がぱっと開けたような気持ちになりました。〝伝えづらさ〟で悩む必要がなくなり、文章がその役割を果たしてくれることになったからです。少なくとも僕にとって、それは画期的なことだったので、急速にメールが普及したことには強く納得できました。

「自分と同じように、声で伝えるのが苦手な人のことを、メールがサポートしてくれる時代になったのだな」と。


ただし、よくいわれるように、便利なメールにはデメリットもあります。

ひとつ目は、**思いの丈を文章に置き換えていると、知らず知らずのうちに感情が露わになってしまい、必要以上にとげとげしい文章になってしまったりする**こと。

その結果、書いた本人の意図とは違ったニュアンスが生まれて相手に誤解を与え、場合によっては、それがトラブルに発展するようなことにもなりがちであるわけです。

したがって、不必要なトラブルを避けるためにも、書き終わったメールは勢いで送信するのではなく、事前に何度も読みなおし、「誤解を受ける危険性はないだろうか」とチェックすることがまずは大切。

とはいえ、それはもはや多くの方が実感していることでもあるはず。むしろ、ここで強調したいのは、もうひとつの問題、すなわち「長文メールの弊害」です。

世の中には、必要以上に文字量の多いメールを送ってくる方が一定数いらっしゃいます。それだけの時間をかけていただいたということは純粋にありがたいのですが、しかし残念ながら、**メールは長ければ長いほど読む気が失われるもの**でもあります。

事実、僕は長文メールが届くと、じっくり読むより先に、まず〝要点〟を探してしまいます。長文のメールには不要な部分も多いため、本当に必要な部分を抽出する作業が必要になってしまうのです。

なお、これはあくまで僕の実感なのですが、長文メールを送ってくる方は、その大半が真面目な人です。真面目だからこそ、「あれも伝えなければ」「これも伝えなければ」という具合に、どんどん文字量が増えていくのでしょう。

でも、本当に読んでほしいのであれば、それは自殺行為に等しいと思います。

たとえば、前置きがダラダラと長く、話題があちこちに飛んでまったく本題に行きつかないとか、大切なことを話し始めたと思ったら、いつの間にか脱線して話題が変わっていたりしたら、おのずと読む気は失せてしまって当然なのですから。

ましてや「タイパ（タイム・パフォーマンス）」が流行語になってしまうような時代においては、必要以上の長文は敬遠されて当然。しかしそうでなくとも、人になにかを伝えたいのであれば「簡潔」であることはとても重要なのです。

簡潔なメールを送る4つのポイント

だからこそ、メールを書く際には「簡潔」であることを意識する必要があります。少なくとも読む側の立場に立った場合、それに尽きると断言できます。

伝えたいことがいくつかある場合は、（先の「真面目な人」の例のように）少しでも伝えなくちゃと感じ、ついいろいろと書きたくなってしまうかもしれません。しかし、長すぎると読む気が失せるのは当然ですし、毎回長いメールを送り続けていると、「あの人のメールは長いから読む気がしない」と思われてしまう可能性もあります。

「延々と読まされたけど、重要なのは最後の10行だけ？」と感じざるを得ないような経験を、僕も何度かしたことがあるので、そういう人からメールが届くと多少なりとも警戒してしまいます。決して、その人のことが苦手なわけではないにもかかわらず。でも、それではお互いに残念です。

では、簡潔なメールを書くためには、どんなことに気をつければいいのでしょうか？

もちろん決まりごとがあるわけではないのですが、僕がいつも意識しているのは次のようなことです。

①要点を絞り、無駄な表現をとことん排除する
②〝見え方〟を意識し、適所に行間をつくる
③画面をスクロールさせない範囲に収める
④書き終えたら、必ず読みなおす

送信するまで細心の注意を払おう

まず重要なのが、前述した「簡潔さ」を実現する①。「あれも書きたい、これも書きたい」という思いを抑え、「これだけは、なんとしてでも伝えたい」と感じることだけに絞るのです。それだけでも、充分に簡潔な印象を与えることができるはずです。

また、できあがった文章は、段落や話題が変わるときに行間を空けておくといいと思います。画面が文字でぎっしり埋まっていたら、読む気が失せても当然なので、読み手に余裕を提供するわけです。

意外と重要なのが③で、つまり「読み手にスクロールさせない範囲」で全メッセージをまとめるべき。「そんな些細なこと……」と思われるかもしれませんし、スクロールすることなんてさほど難しくはありません。が、そんな些細な手間を省くことも、メールをきちんと読んでもらうためには不可欠なのです。

そして、最後の④もサボってはいけません。メールを送るときは「少しでも早く送信したい」と思いがちですが、最後に一度、いや二度でも三度でも読みなおしてみるべきです。読みなおせば読みなおすほど、無駄な部分が浮き上がってくるものなので、そこを削って簡潔なメールに仕上がるわけです。

たかがメールではありますが、**たかがメールだからこそ、押さえておかなければならないことがあり、そこを怠ると誤解や軋轢《あつれき》を生んでしまう**ことすらもあります。そのため、送信する直前まで細心の注意を払う必要があるのです。

⏰ 大切なのは「伝え方」。短文でも充分伝わる

「そんなことをいわれたって、伝えたいことは伝えたいし、どうしても長文になっちゃうんだよ」

もしそう感じるのであれば、文章をシェイプアップするための訓練をするべきです。先にも触れたように、「長文だから伝わる」わけではないのですから。

別な表現を用いるなら、**簡潔なメールを送って、それを相手に心地よく読ませることは、ビジネスパーソンとしての必須事項**だとさえいえるでしょう。

だいいち、文章は「長文だから伝わる」というものではありません。伝わるときは短文でも伝わるし、それどころか、短文だからこそ伝わりやすいという側面すらあります。「文章をシェイプアップするための訓練」が必要なのは、そんな理由があるから。

とはいっても、わざわざお金を出して文章教室に通う必要はなし。そこまでしなくても、簡単に文章をシェイプアップするための訓練をすることができるからです。

【文章をシェイプアップするための訓練】

①よく見ているオンラインメディアなどから、任意の記事をピックアップする（生活系がおすすめ）

②その記事をコピペして、「ここは削っても支障はないな」と思われる箇所を容赦なく削る

③その結果として残った断片を組み合わせ、文章として再構築する

誤解しないでいただきたいのですが、これはオンラインメディア上にあるすべての記事に無駄が多いという意味ではなく、それらを否定したいわけでもありません。

ただし、とくに飲食店情報や買い物情報などが紹介されている生活系の記事には、過剰な表現や、必要のない記述が多いのも事実なのです。

であれば、そういう文章に出会った読者は「知りたいのはお店のことだけなのに、この筆者は自分のことばかり書いている」とか、「『安すぎ！　かわいすぎ！』というような、過剰なだけで中身のない文章が多すぎ」と感じてしまうことになるかもしれません。

そこで、それらを利用するのです。視点を変えてみれば、無駄が多いということは、無駄を省くための教材になるということ。それらは、簡潔な文章を書けるようになるために活用できるわけです。

なにしろ、過剰で不要な表現が多いのですから、客観的な目でその記事を見てみて、「これはいらないな」と思う箇所があったら削り、残ったものを整理してみる。そうすればおのずと、無駄の多かった文章は簡潔なものになります。そういう作業を続けていけば、必ず簡潔な文章を書くためのコツがつかめるようになります。

いいかたを変えれば、「なにが無駄でなにか不要か」がわかるようになってくるということ。それは、「いい文章」と「そうでない文章」を見分け、前者を書けるようになる有力な手段であるといえます。

4 成果につながる終業後の「3つの習慣」

「きょうできることはきょうのうちに」の徹底

子どものころ、親や先生から「きょうできることは、きょうのうちにやりなさい」などといわれたことはないでしょうか？

もちろん僕にもありましたが、そのたび逆に「やりたくない」と思ったものです。ところが、自分が親になってみると、子どもに同じことを告げていたりするから不思議。子どものころにはわからなかったけれど、大人になるといつの間にか「きょうのうちにやったほうが絶対にいい」ということがわかってくるからなのでしょう。

社会に出て仕事を始めれば、できることはやっておいたほうが絶対に楽だ、ということは嫌でもわかりますからね。

また、日々の仕事に関していえば、きょうできることを終わらせて持ち越す仕事がない状態にできたとしたら、そのぶんモチベーションが上がって当然。ですから、**毎日コツコツと成果を出し続けるためには、「翌日のために先回りする」ことが大切**であるともいえます。

しかも、それは簡単。ちょっとした「先回りの習慣」をつけるだけで仕事が動きやすくなり、それを成果につなげていくことが可能になるのです。参考までに、僕が毎日おこなっている「終業後の習慣」をご紹介しておきましょう。毎日、仕事を終える前にやっている「ちょっとしたこと」です。

習慣1　デスクまわりをきちんと片づける

一日の仕事が終わったときには、デスクまわりは多少なりとも乱雑になっているはず。たとえばいま、この原稿を書いているのは16時半過ぎなのですが、この時点ですでに周囲には複数の本が積み上がったりもしています。僕の場合、本を読んだり書評を書いたりすることは毎日の仕事なので、少なからずそういうことになるわけです。

しかし、経験的に「そのまま放置しておいた結果」として、翌日に感じる不快感も理解しています。**翌朝「きょうも一日がんばろう」と思って向かったデスクが乱雑になっていたら、少なからずモチベーションも低下してしまうわけです。**

そこで、ある時期から、一日の仕事を終えた段階でデスクまわりを片づけることにしています。積み上がった本を所定の位置に戻したりするだけですから、たいした作業でもないのですが、そのわりに気持ちがスッキリするものです。

なお、それ以前の問題ですが、ペンやメモなども含め、使い終えたものは使い終えた段階で片づけるようにしておけば、終業時のデスクの片づけはさらに楽になります。

習慣2　あすの予定をざっくりと決める

もちろん突発的に入ってくる仕事については、そのつど対処するしかないでしょう。しかし、その他の〝毎日やることが決まっている仕事〟や〝翌日やることになるだろうと予測できる仕事〟については、可能な限り「先回り」をしておくべきです。

どのみちやる必要があるのですから、ある程度の道筋をつけておけば、翌日にサクサク作業を進めることができるわけです。

そこで提案。**〝毎日やる仕事〟と〝翌日やることになるだろうと予測できる仕事〟に関しては、前日の段階で、ざっくりとスケジュールを決めておくと楽**です。「ここからスタートして、次にこう進んで、その次はこっちで」というように、進むべきルートをだいたい整理しておくのです。

そうすれば、いざ作業を進めるときに「どこからやろうか？」などと戸惑わずに済むわけです。その際、88ページで触れた「ポスト・イット®活用法」を取り入れてみれば、さらに効率的に進められるでしょう。

習慣3　あすやる仕事のフォーマットを整えておく

一日のタスクを終わらせたら、一刻も早くデスクから離れ、プライベートの時間へ移行したいと考えたくなるもの。しかし、その前にもうひとつの作業に手をつけておきましょう。当たり前といえば当たり前のことですけれど、あすやる仕事のなかで、あらかじめフォーマットを整えておけるものがあれば、それを終わらせておくのです。

たとえば、僕の場合はほとんど例外なく、午前中に手をつける最初の仕事は書評の執筆です。毎日更新される書評連載があるので、その仕事からはどう転がっても逃れることができません。なにがあっても毎日やるしかないので、〝やるべきこと〟を先回りして整えておくのです。

といっても簡単な話で、翌日に書く書評のＷｏｒｄファイルをつくっておき、取り上げる本のタイトルや著者名を、あらかじめ打ち込んでおくだけの話。それだけのことですが、こうしておくと翌朝にファイルを開いたとき、すぐ仕事モードに移れるわけです。

以上のように、**翌日の仕事をスムーズに進めるためには、このように〝ちょっとした準備〟をしておくことがとても大切**です。

「あすのことはあす考える」などと現実逃避せず、この点をしっかり押さえておけば、結果的には翌日の仕事を効率的に進められます。その日も快適な気分で一日を終えることができるようになるのです。

第4章

NGすぎる行動が「超ルーティン」を崩す

1 ルーティンを破壊する「深夜の自由時間」

「はかどった気になる」は深夜の錯覚

誰にも邪魔されることのない深夜の時間は、なにかと魅力的です。リモートワークの際には家族の生活音が気になってしまいがちですが、深夜であればみんな寝静まっていますし、来客だってありません(あったら怖いですよね)。

つまり、そこにあるのは自分だけの時間のみ。ですから、ともすれば自由時間を手にしたかのような気分になってしまいがちです。

深夜にひとりで仕事をしてみると、なんだかとても集中できるような気がしたりするのは、きっとそのせい。その結果、「とてもはかどったぞ」という満足感を得ることも少なくはないでしょう。

ずっと夜型の生活を続けてきた僕にも経験があります。

いまは22時くらいになると「もうこんな時間だ。寝なきゃ」などと寝室に急いでしまったりするのですが、そのころは23時を過ぎると、「さあ、これからが本番だ」などと思って、せっせと仕事を始めたりしていたわけです。

そして、「自分は仕事をしているなあ」といい気分になったりもしていたのでした（バカですね）。

ただし、28ページにも書いたように、深夜に仕事がはかどると感じるのは、間違いなく錯覚です。「そう感じる」だけの話で、実際には「たいしてはかどっていなかった」というケースのほうが多いのです。

思春期のころ、深夜にラブレターを書いて満足したものの、翌朝それを読み返してみたら、出来の酷さに赤面したというような経験をしたことはありませんか？

それと似たような話で、**つまりは深夜に気持ちがたかぶっていただけ**なのです。冷静さや客観性が欠けているわけですから、質の高い仕事などできるはずもなく、結局は時間の無駄遣いになってしまうのです。

ですから、深夜に仕事をする習慣がついている方には、すぐにそれを改めることをおすすめします。日中になかなかうまく仕事が進まず、「深夜のほうがはかどるかも……」などと誘惑に負けそうになっている方も、それは間違いだということをはっきりと認識する必要があります。

そのぶんの労力は日中、とくに午前中にあてるべきです。結果的にはそのほうが、本当の意味で仕事ははかどるからです。朝型のペースをつかむまでには、それなりの時間が必要かもしれませんが、一度ものにしてしまえば、そのペースは大きな財産になります。長い目で見れば、そのほうがずっと効率的なのです。

「夜の常識」は「翌朝の非常識」

夜に仕事をするペースに慣れ、そこにやりがいを感じてしまったりすると、あたかも「夜の常識」がすべてを解決してくれるかのような気分になってしまいがちです。

やや大げさな表現かもしれませんが、「夜は気分が乗る」という感情に左右されてしまうと、「夜の常識」こそが正統だというように錯覚してしまうのです。

ところが、それは単なる勘違い。それどころか、大きなリスクになっていく危険性すらあると思います。

そもそも人間は、朝起きて、夜眠るようにプログラムされている生きものなのではないでしょうか？

これまで、そのサイクルで生きてきたからこそ、人類はここまで続いてきたといっても過言ではないかもしれません。

僕自身が夜型から朝型に移行したからこそいえるのですが、基本的には朝に起きて夜に眠るべきですし、そのほうが仕事のパフォーマンスも上がります。

夜に気持ちがたかぶると、まるで夜にペースが上がるのは当然であるように感じてしまうかもしれません。「気持ちがたかぶっているんだから、ペースが上がるのはむしろ常識」とでもいうように。

しかし、そもそも「夜の常識」などというものはないのです。それは幻想にすぎません。どこかのタイミングで自分を客観視してみれば、それはすぐにわかることだと思います。ですから可能な限り早い段階で、「夜の常識」は「翌朝の非常識」であることに気づくべきです。

先にも触れたように、夜の深い時間はたしかに魅力的です。ひとりで起きていたりすると、なんだか秘密めいたことをしているような気分にもなれるので、ついついその背徳感（とまではいかないかもしれないけれど）に惹《ひ》かれてしまうことでしょう。ところが、それは実際のところ、決して小さくはないトラップであるともいえます。

夜に仕事がはかどる根拠はどこにもありません。繰り返しになりますけれど、人間は基本的に朝型だからです。「いや、自分は夜型なんで」という方は、単に気づいていないだけです。そこまで断言したくなるくらい、日のある時間帯を中心とした生活からは得るものが多いのです。

２　日常生活をむしばむ「NGルーティン」

NGルーティンの２大代表例とは？

「ルーティン」ということばには、「決まりきった仕事、日々の作業」というような意味があります。仕事であれ遊びであれ、基本的には毎日やっていることだということです。〝やっていること〟である以上、その意義や価値などを意識する機会はあまりないかもしれません。ルーティンの多くは、無意識でおこなっているものなのですから。

しかし、ぜひとも一度それを見なおしてみていただきたいのです。なぜなら、**やって当たり前だと思ってやっていること、思うまでもなく無意識で続けていることのなかには、「NGルーティン」と呼ばざるを得ないものも少なくない**からです。

もしも「NGルーティン」だったとしたら、続けることは間違いなく時間の浪費になります。そこで、毎日繰り返している〝普通の日常〟を思い出してみましょう。

たとえば**NGルーティンの代表例が、「なんとなくテレビ」と「ダラダラYouTube」**です。このふたつには、とにかく要注意……などと偉そうに書いていますが、僕も、これらに翻弄されてしまうことはいまだにあります。

そんなところからもわかるように、普通の日常に深く入り込んでしまっているテレビとYouTubeは、便利で楽しい反面、なにかと厄介な存在でもあるのです。

仕事を終えたあとに、いつもの日常を思い浮かべてみてください。家族やパートナーと食事をし、残りは自由な時間です。

けれど、とくにすることもない。そんなとき、なにも考えずにソファに座ってテレビをつけ、「いつも見ている番組だから」というだけの理由で、たいしておもしろくもない番組を眺め続けたりすることがあるのではないでしょうか？

あるいは、見たいものがないのにザッピングをして、なんとなく引かれた（ような気がした）番組を目で追ったりするようなこともあるかもしれません。

しかし、「これが見たかったんだ！」という強い思いを抱いていたのならまだしも、「とくに見たいわけでもないけど、なんとなく見てみた」というだけなのだとしたら、どう考えても時間の浪費です。

それで気分転換ができて、翌日へのモチベーションが高まればいいのですが、中身のないバラエティー番組を見ているようなときは結局、虚しさだけが残ってしまうものではないでしょうか。なにしろ、目的がないのですから当然の話です。

テレビとYouTubeにとられる時間を半分以下に

同じことはYouTubeにもあてはまります。YouTubeの場合、お気に入りのチャンネルをチェックするというケースが一般的だと思いますが、なかなかそこで終われないのが恐ろしいところ。

ご存じのとおりYouTubeは、再生履歴からユーザーの好みを読みとり、そのユーザーが好むであろう動画を、自動的に検出して表示してくれます。

そのため、目的の動画を見終えても、つい「これもおもしろそうだな」と、興味を引かれてしまったりするわけです。

で、それを見終えたらまた違う動画がおすすめされるので、それもクリックして……という感じで、ひたすら動画を見続けるループのなかに飲み込まれてしまいます。

その結果、気がつけば1時間以上も経過していたなどということも、決して珍しい話ではありません。

もちろん、自身のお気に入りチャンネルにも、一方的におすすめされた動画にも、役立つものや、「見てよかった」と思えるものはあるでしょう。ただし残念ながら、必ずしもすべての動画が役に立つとはいえないのも事実。

現実的には、無目的にダラダラと見続けてしまうだけで、なにも得られないまま時間を浪費してしまう可能性が非常に大きいわけです。僕も、そういう失敗をしたあとには自己嫌悪を感じてしまったりします。なにしろ、ただでさえ忙しいのに、ボーっとパソコンの画面を眺め続けるだけで時間を無駄にしてしまったのですから。

だからこそ「時間がない」と感じている人は、とくにテレビやYouTubeをダラダラ見ている時間がどのくらいあるか、そして、それらは本当に自分にとって必要なのかを考えなおしてみることをおすすめします。

おそらくその結果、半数以上は不要なものであることに気づくことでしょう。

そこで、それらを切り捨てるのです。ずっと続けてきた習慣を断ち切るには決心が必要かもしれませんが、実際にやってみれば、自分がいかに時間を無駄にしてきたかを実感することができるはず。その結果として生まれた時間的余裕を、もっと建設的ななにかのために活用できるようになるに違いありません。

「NGルーティン」は、どこかで断ち切らなければいけないのです。

柔軟に考えるほど「NGルーティン」は減る

もちろん、テレビやYouTubeのダラダラ視聴だけに問題があるわけではありません。毎日なんとなく続けていることを俯瞰してみれば、ほかにも無駄なルーティンを発見できると思います。ですから一度、なにげなく続けているルーティンを、ひとつひとつ確認してみることをおすすめします。

その際に忘れるべきではないポイントが、いつもおこなっていることを「有意義なルーティン」と「無駄なルーティン」に分けることです。

当然ながら後者を省くべきなので、ここで改めて両者を確認してみましょう。

【有意義なルーティン例】

・歯磨き、洗顔、ストレッチ、軽い運動
・食事
・新聞やネットからの情報収集
・翌日の仕事の準備

歯磨きや洗顔などは〝当たり前すぎるルーティン〟ですが、それでもやっぱり有意義なこと。たとえば、もう少し寝たいなあと思っていても、冷たい水で顔を洗えば気持ちがスッキリしますからね。つまり、そんな些細なことにも意味があるのです。

同じく、きちんと食事をとることも大切。食事の時間に仲間やパートナーと会話をすれば、そこから刺激を得ることも可能です。

仕事に役立つ情報を入手することもできるだけに、新聞を読んだりネットニュースをチェックすることも重要です。

ただし、後者に関しては「気がつけばどうでもいいサイトなどを見ていた」ということにもなりがちなので注意。翌日の仕事の準備の重要性については、１３０ページで触れたとおりです。

これが「無駄なルーティン」だ！

では次に、テレビやYouTubeのダラダラ視聴以外の「無駄なルーティン」をあげてみましょう。

［無駄なルーティン例］

・寝坊
・ＳＮＳ
・スマホ
・世間話や噂話

ルーティンのひとつとして扱うのはおかしいかもしれませんが、寝坊は無駄なルーティンです。寝坊した際は必然的に、朝にこなさなければならないことにかける時間を減らさなければならなくなります。すなわち、すべてが中途半端な状態のまま動き出さなければならず、それは一日のパフォーマンスにも悪影響を与えるわけです。

いまや生活に欠かせないSNSも、使いすぎると振り回されることになります。またSNSを確認するツール＝スマホに対しての考え方も、ちょっと改めてみるべき。たしかにスマホは便利ですが、依存しすぎると逆効果になってしまうからです。

気をつけたいのが、世間話や噂話です。同僚やパートナーとのちょっとした会話は息抜きとしても効果的ですが、必要のない世間話、あるいは悪口や噂話を延々と続けていたのでは、あまりに時間がもったいない。そもそも、建設的ではありません。

もちろん、ほかにもいろいろあるでしょうが、これらを意識してみるだけでも、多くの無駄を省くことができるでしょう。

3 なぜ連載を続けながらもコンスタントに飲めるのか？

結論からいうと「それは晩酌」だから

新型コロナウイルスの影響で、ライフスタイルが大きく変わった方も多いのではないでしょうか。毎日通勤していたビジネスパーソンのなかには、突然テレワークに切り替わって戸惑いを感じた方も多いのではないかと思います。

僕の場合は、もう何十年も自宅で仕事をしているので、それほど大きな変化はなかったのですが、それでも変わったことはいくつかあります。

そのひとつが、外に飲みに出る機会が減ったことです。以前は夕方に仕事が一段落したら、ふらっと飲み屋に入ってみたりしていたのですが、いまでは仕事絡みの食事会を除けば、すっかり宅飲みオンリーになってしまいました。

けれどお酒は好きなので、週に何度かの休肝日を除けば、仕事を終えるとたいていはお酒を飲むことになります。さすがに大酒を飲んで前後不覚になることはなくなりましたし（さては、昔はあったんだな）、飲む量も意識的に減らしてはいますが、それでもお酒は大好きです。いうまでもなく、息抜きになるからです。

でも、たまにいわれます。「たくさん連載があって、締め切りも毎日あるのに、よく飲む時間をつくれますね」と。

ただ、**それはまったく難しいことではなく、むしろ非常に簡単**です。

種明かしをしてしまえば、それは晩酌だから。夕食時にまずはビールを飲み、次いでワインを数杯いただくというのが通常のコース。そして最近では、夕食を終えたら飲むのをやめています。飲み会があったときなどは飲み続けてしまいますが、家にいるときには時間を区切っているのです。

以前は夕食を終えてからも、ワインとつまみを書斎にコッソリ持ち込んで、ダラダラ深夜まで飲み続けたりもしていたのです。いま思えば恐ろしい話ですが、（おもにダイエット的な理由から）いつしかそれもしなくなりました。

ですから、いまは食事を終えたあとは、タンブラーで水を飲んでいます。でも、もう**それが習慣になっていますから「あーっ、もっと飲みてぇ！」なんてことにはならず、むしろ非常に快適**です。

いつの間にかそういう習慣ができあがっていたというだけのことで、決して「飲酒を改善しよう！」などと立派なことを考えたわけではありません。そもそも意志が弱いので、そんなことを決めたところで続けられるはずもないのです（自分がいちばんわかっています）。

「夜に飲むこと」もまたルーティンのひとつ

ただ、結果論ではありますが、気がつけばこの習慣が、仕事へのモチベーションを高めてくれていたのは事実。もっとも重要なポイントはここです。

・夕方になると、その日の仕事の終着点も見えてくる

↓

・すると無意識のうちに「これを終えたらビールを飲めるな」というようなイメージが頭に浮かんでくる

←

・仕事のあとのビールを目指して勢いがつく

つまり現在の僕にとって、**ほぼ毎日コンスタントに飲むこともまた「有意義なルーティン」のひとつになっている**のです。

特別なことをしているわけではなく、「朝になったら目を覚まし、日のあるうちは仕事をし、夜になったらお酒を飲む」という、シンプルな習慣を続けているだけ。

でも、その効果は実感しているので、お酒が好きな方は、飲むことを目標にして仕事に精を出すことも、また有意義ではないでしょうか（もちろん、飲みすぎにはご注意を）。

4　眠くなったらすぐ眠る

ポイントは「タイムシフト・リーディング」

さて、夕食時にお酒を楽しんだら、以後はさすがに文章を書くわけにいきません。厳密にいえば「書ける」のですけれど、酔って書いた原稿を入稿するというのはモラル的に失礼ですから避けるようにしています。

そのためお酒を飲んだあとは、読書か、もしくはNetflixなどで映画を観たりして過ごします。とはいえ、先にも触れたとおり、最近は22時をすぎると「寝なきゃ！」などと感じるようになってくるので、やがて眠気も感じるようになってきたら、いったん本を閉じ、パソコンも消して寝室に移動です。

以後はベッドで読書をするわけですが、現実的にじっくり読めるのはお酒が入っていない休肝日のみ。酔っていたらすぐに眠くなってしまうことが多いので、そういう場合は割り切って本を閉じます。眠気と戦いながら読んだとしても、読んだはしから忘れていくに決まっているからです。

「そんなに早く寝たら、時間が無駄になっちゃうじゃないか」と思われるかもしれませんが、決してそうではありません。その夜に読めないのなら割り切って早く眠り、翌朝に早く起きて読めばいいのです。つまり、時間をシフトさせる（ずらす）のです。

たとえば、ベッドで22時から1時間読書をし、23時に寝るつもりだったとしましょう。その場合、23時から8時間眠ったとしたら、起きるのは翌朝7時です。

ただ「22時すぎに眠くなって、読んでも頭に入らない」ということもあります。そんなときにはキッパリ気分を切り替え、眠ってしまうわけです。「読む時間を朝に移動させるだけだから」と自分を納得させれば、罪悪感を覚えることなく眠ることができます。

すると、起きる時刻も1時間早まり、6時に目を覚ますことができるでしょう。そこで、以後1時間を読書に使うのです。つまり、「23時から7時まで計8時間」の睡眠時間を、「22時から6時まで計8時間」にずらすというシンプルな発想です。

前夜の１時間を翌朝にそのまま移動してくるということなので、僕はこれを**「タイムシフト・リーディング（time-shift reading）」**と呼んでいます。ただ「ずらすだけ」ではありますが、非常に効率的です。

さまざまなことを〝シフト〟させよう

眠気と戦いながら文字を追う夜の寝室読書は効率が悪く、ただ時間を垂れ流すようなもの。でも、同じ時間を頭が冴えた朝へとシフトすれば、サクサクと読み進めることができ、効率は格段にアップします。

そのため、１時間はあっという間に過ぎてしまうはずですが、時間が来たら、もっと読みたいと思ってもそこで本を閉じることも重要。そうすれば「続きを早く読みたい」という気持ちを抱えながら一日をスタートさせることになり、以後の時間も有効利用しやすくなるからです。

なにしろ「続きを早く読みたい」のですから、普段なら無目的にスマホを開いている通勤時間にも、本を読もうと思えるかもしれません。

そこで、電車を降りるまでの時間を利用して短時間の読書。目的地に到着したら、また「続きを読みたい」という気持ちを抱えたまま電車を降りることになります。すると、次は昼の休み時間に読むことになるかも……。

このように「タイムシフト・リーディング」は、隙間時間の有効利用につながっていきやすいのです。時間は夜から朝、朝から昼、昼から夕方へとつながっているのですから、**うまく〝シフト〟させられれば、必然的に効率は高まる**わけです（このことについては、177ページでもさらにご説明します）。

もちろん読書だけに限った話ではなく、〝シフトさせる（ずらす）〟という手法はさまざまなことにも応用できます。たとえば「夜の自由時間を利用して仕事をするつもりだったけれど、眠気に勝てずに寝てしまった」というようなケースであれば、早く寝た分早起きし、前日の仕事を朝にやればいいでしょう。一日の疲れを感じながら夜に無理をするよりも、早く寝て早く起き、朝にそれをすればいいということです。

どう転がっても一日は24時間しかないのですから、考えるべきはその時間を少しでも有効に使うこと。「タイムシフト」は、そのために大きく役立ってくれるわけです。

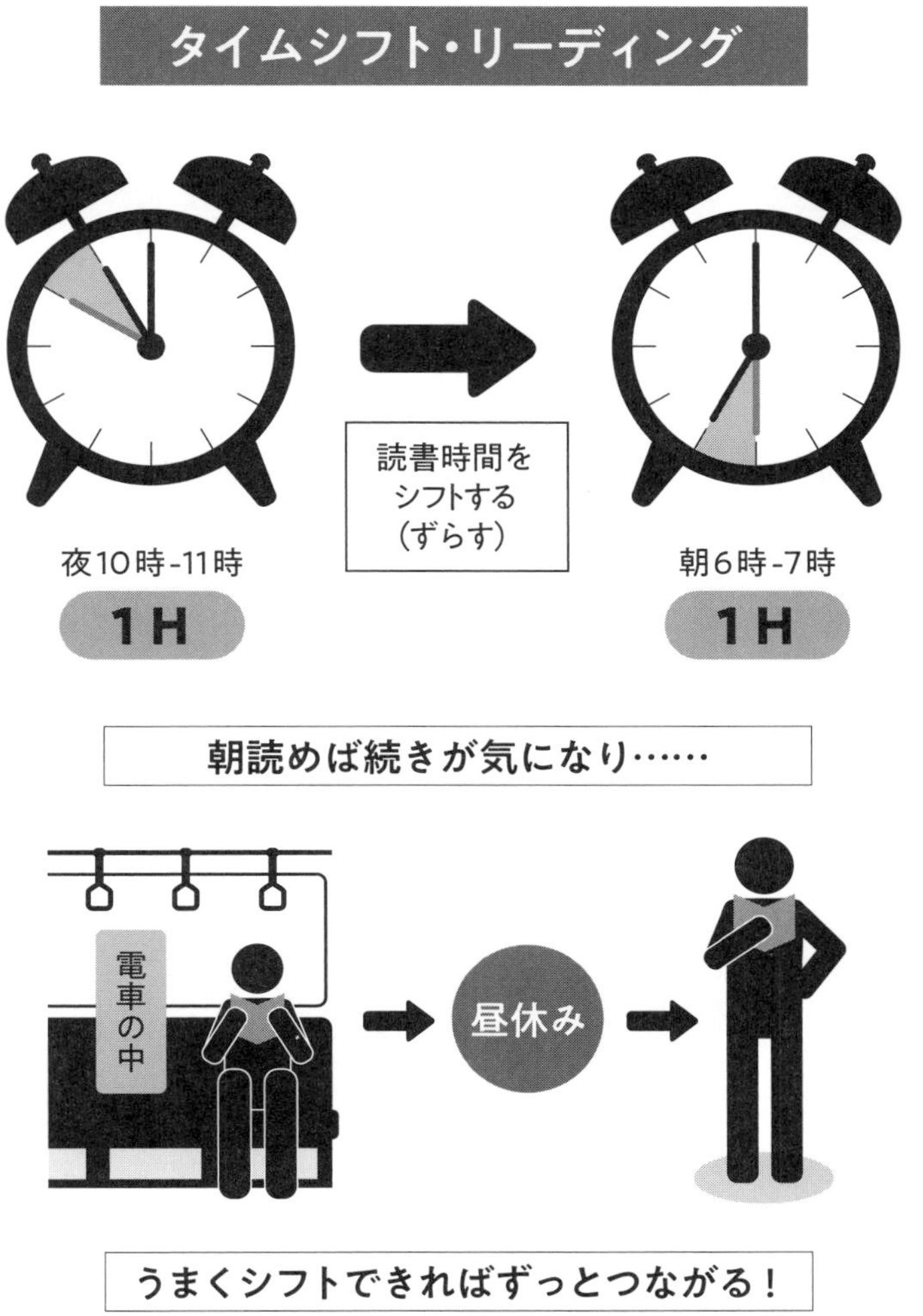
タイムシフト・リーディング
夜10時-11時
1H
読書時間を
シフトする
（ずらす）
朝6時-7時
1H
朝読めば続きが気になり……
電車の中
昼休み
うまくシフトできればずっとつながる！

5 寝る前と起きた直後にやっておきたい習慣術

寝る前のスマホはＮＧ

さて、「寝る時間」に話を戻しましょう。

前項では、「寝室で読書をしようと思ったものの、眠くて読むことができない。そんなときにはすぐに本を閉じよう」という提案をしました。だったら、あとは灯りを消して眠るだけです。

でも「眠いにもかかわらず、いざ眠ろうとするとどうにも眠れない」ということはあるもの。ましてや就寝時刻が早ければ、なおさらそうなりやすいかもしれません。そんなときには、無意識のうちにスマホに手を伸ばしてしまったりするものですよね。

僕にも経験がありますが、なんとなく手持ち無沙汰なので、ニュースアプリを開いてみたり、やりたいわけでもないゲームをしてみたり、「眠くなるまで」と自分に言い訳をしながら結局また無駄な時間を過ごしてしまうわけです。

しかし、自分が失敗したからこそ断言できるのですが、それは絶対に避けるべきです。スマートフォンやパソコンから発せられる光は、「ブルーライト」と呼ばれています。ブルーライト自体は太陽光にも含まれており、意外なことに体内時計を整える役割も果たしている大切な光なのだそう。

ただし問題は、**人間の体にはブルーライトを浴びると目覚める性質があること**。つまり、夜にブルーライトを浴びると体が目覚め、睡眠のリズムが崩れてしまうわけです。だから就寝前のスマホはＮＧなのです。

たしかに、ブルーライトは強い光です。光が遮断された環境でスマホを開いてみたとき、光の強さに驚いたことはないでしょうか？

ブルーライトの光は拡散して一方向に進まないため、ちらついてまぶしく感じ、それが目の疲れにつながっていくようです。しかもブルーライトは、エネルギーの大きな光なので、それも目を疲れさせる原因なのだとか。

ブルーライトを浴び続けると、目が疲れてくることは間違いなさそうですね。そればかりか睡眠のリズムが乱れ、頭痛や肩こりなどの症状が表れることもあるようです。だからこそ、就寝前のスマホ・チェックは避けたほうがいい。ブルーライトをカットするフィルムをスマホに貼るとか、あるいは目薬を使うなどの手もあるでしょうが、そもそも、そこまでして寝る前にスマホを見る必要はないはずです。

少なくとも、「本当にそれは必要なことなのか?」という根本的な問いかけを自分にしてみる必要はあるのではないでしょうか?

眠る直前に「あすやること」を考える

「寝る前にスマホを見るのはNG、それはわかった。でも、だからってすぐに眠れるわけではないから困っちゃうんだよなぁ……」

その気持ち、すごくよくわかります。眠いから眠ろうと思ったはずなのに、いざ灯りを消して目を閉じてみてもなぜか眠れない。そんなことはよくあるからです。

しかし、それはおそらく「眠ろう！」と必要以上に強く意識してしまっているから。いいかえれば、気を張ってしまっているということなので、そんなときには「眠ろう」ということを意識から外すことが大切だと思います。

では、そのためになにをすればいいのでしょうか？

それは羊の数を数えること……ではなくて、ずばり「〝あすやること〟を考える」に尽きると思います。つまり、寝る前に難しい本を読むと眠くなるのと同じように、頭を働かせるのです。

もちろん、僕は睡眠の専門家ではありませんから、医学的なエビデンスを提示することはできません。が、経験的にそれを強く実感しています。

「まず、あれをやって、次にこれをやって、それが終わったら、あの人とこの人に連絡をして……」というような調子で、軽く目を閉じてリラックスしながら〝やるべきこと〟を順序立てて考えると、比較的短時間で眠くなってくるのです。

しかも、眠る直前にはとくにすることがないのですから、必然的に集中して考えられるはず。

気がつけば、読み聞かせをしてもらっている子どもみたいに（そんなにかわいいものではありませんけど）、いつの間にか眠っているわけです。

したがって、自信を持っておすすめできるのですが、ひとつだけ気をつけたいことがあります。それは、決してネガティブにならないこと。

寝しなには「あすはまた仕事だ……」などと暗くなりがちです。でも、そういうことを考えてしまうと、悩みなどが次々と現れ、どんどん意識を覆ってしまいます。

やがて、大きな不安が頭の中心にどんどんと現れ、せっかく眠りかけていたのにハッと目覚めてしまったりする可能性もあります。

しかも、一度そうなるとリカバリーはなかなか大変。どんどん気になっていくので、さらに眠れなくなってしまいます。

だからこそ、翌日のことを考える際には前向きに。もちろん、慣れないうちは簡単にできることではないかもしれません。「ネガティブな性格だから」と、最初から心のシャッターを下ろしてしまう方もいらっしゃるでしょう。でも、いつまでもそこにとどまっていたって、なにも得ることはできません。

そこで、「できない」などということはあえて考えず、ただ〝リラックスする習慣〟をつけることに集中するのです。人間は、自分自身が思っている以上に〝慣れる生きもの〟です。つまり〝リラックスして考える習慣〟だって、意外と簡単に身につくものなのです。あまり余計なことを考えず、「あすのランチはなにを食べようかな」などということも絡めながら、楽しく考えてみるといいと思います。

昨晩に置き忘れた課題は目覚めるときに再考する

眠る前に翌日にするべきことをベッドのなかで考え、そのうち眠ってしまったとしたら、考えていたことをそのまま置き忘れてしまったことになります。答えを出すことができないまま、朝を迎えてしまうことになるわけです。

しかし、そのままでは、前の晩の〝考える作業〟を無駄にしてしまうことになりますし、なにより中途半端な状態が続いていると、その日の仕事によくない影響を与えてしまうことになりかねません。

では、そんなときにはどうすればいいのでしょうか？

答えはとても簡単で、目が覚めてから起きるまでの時間、すなわち布団のなかでゴロゴロしているつかの間の時間に、昨夜置き忘れた課題を再考すればいいのです。時間にすれば、ほんの数分、長くても10分程度。ちょっとしたことではあるのですが、これには次のような、非常によい効果があります。

①目が覚めたばかりで頭が冴えているので、「やるべきこと」を整理しやすい

②「やるべきこと」が時間的に迫っているため、ネガティブなことを考えている余裕がなくなる（考えてしまったとしても意識的に無視する）

③そのため「やるべきこと」を前向きに考えやすくなり、気持ちも前に向きやすい

④「やるべきこと」を機械的に整理できれば、起きるというアクションが容易になる

まずは①と②です。

何度も書いてきたように、目覚めたばかりの時間は、頭が冴えた状態にあります。そのため「きょうのタスクをいかに処理するか？」など、目前に迫った「やるべきこと」をサクサクと整理しやすいのです。

なにしろ、数時間後に仕事を始めていることは間違いないのです。だから気持ちも前に向きやすく、やるべきことをするために「さあ、起きよう」という気分になることができます。

そもそも朝の時間には、「きょうも仕事かぁ……嫌だなぁ」というような気持ちを排除しなければなりません。でも、**目覚めてからの短時間のうちに、その日すべきことを“機械的に”考えて頭を整理すれば、ネガティブなことを考える余裕がなくなる**のです。

じつは僕も、仕事の悩みを抱えながら眠ることは少なくなく、そんなときにはこの手法を活用しています。その結果、とても有効であることを実感しているので、ぜひとも試してみていただきたいところです。

不安なときは「不安な理由」をとことん突きつめてみる

目が覚める直前に、不安に襲われることはないでしょうか？

僕はあります。「はじめに」で触れたように、とくに仕事が激減した10数年前には1年近く、悪夢と不安でうなされながら目を覚ますという状態が続いたことがありました。

つまり、長らく爽快な目覚めとは対極の状態にあったわけです。

しかし、それもいまではずいぶん改善できました。

もちろん悩みは常にあり、眠れない夜も、不安とともに目を覚ますことも定期的にあります。ただ、そんなことは何度体験を重ねても慣れるものではありません。つらいものは、やっぱりつらいわけです。

だから「なんとかしなければ」と考え、あるとき、ひとつの方法を思いつきました。

そして、それを実践してみた結果、寝つきも目覚めも以前より楽になったのです。

そこで、同じことで悩まれている方のために、その方法をお伝えしたいと思います。

なんらかの不安に押しつぶされそうになっているとき、僕が考えたのは「なぜ、自分は不安なのだろう？」ということでした。

当たり前すぎますが、不安である以上は間違いなく、その理由があるはずです。そこで、不安の根源をとことん突きつめてみることにしたのです。

たとえば、「なぜ不安なのか」と考えてみた結果、期日までに終わらせなければいけないA、B、Cという3つの仕事があったことに気づいたとしましょう。

もちろん、前からそれらの仕事の存在は覚えていたのですが、それにもかかわらず自分が大きな不安に包まれている。だから、なぜなのかをとことん考えてみた結果、３番目にやるつもりだったCという仕事が、厄介であることが気にかかっていたということがわかった。

となれば、あとは簡単です。最後にしようと思っていたCを、まず先にやってしまえば、残るAとBについての不安もいくらか解消されるはずなのです（次ページ参照）。

これはひとつの例に過ぎませんが、このように不安の根源についてとことん考えてみると、翌日やるべき仕事についてのハードルは低くなります。

そのため不安を解消した状態で起きることができるので、その日やるべき仕事ときっちり対峙できるはず。少なくとも僕はそうしてきましたし、いまもそうしています。

不安なときはその不安から逃れたいと思うものですが、中途半端に逃れるよりは、とことん考えたほうが結果的には楽なのです。

不安の解消法

明日までに終わらせないといけない
仕事が３つある…

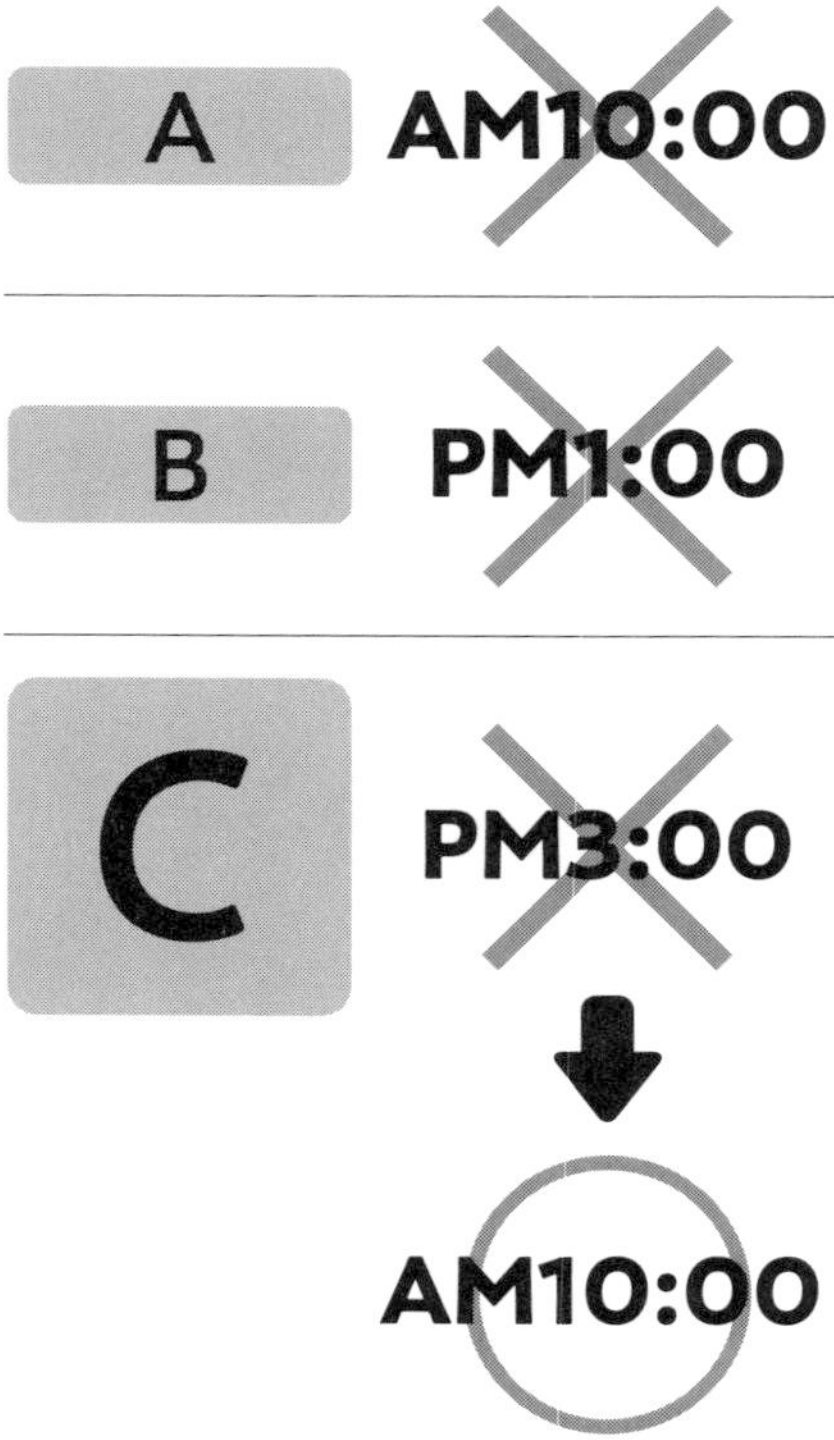

まずはいちばん大きな仕事Cを片づける

第5章

オンラインは「自由」と「節制」のバランスが肝心

1 おすすめしたい就業前の習慣

就業前に「ラジオ体操」

僕には28歳の息子がいて、彼はいま、少し離れた街でひとり暮らしをしています。

ゲームのデザイナーなのですが、新型コロナウイルスの影響で早い時期からリモートワークになり、基本的には1Kのアパートでほとんど一日を過ごしているようです。

運動不足になりやすいため、1日1時間は歩くようにしていると話しており、それはいい心がけだなと感じたのですが、もうひとつ、ちょっと意外だったのは**「毎朝、ラジオ体操をしている」**との発言でした。

恥ずかしながら、つい最近までラジオ体操は、僕にとってどこか縁遠いものでした。

小学生時代の夏休みの朝の習慣、もしくは早朝の公園に集まるお年寄りがやるものという程度の認識しか持っていなかったのです。

ところが、息子はそれを毎朝やっていて「ラジオ体操はすごくいいんだよ」というような感想を述べたりもしている。アンダーグラウンドなヒップホップに通じており、ラッパーとのつきあいもあり、ときにはクラブに行ったりもしている男が、毎朝アパートの一室でラジオ体操をしているわけです。

それをとても新鮮に思い、僕もだんだん「やってみようかな」という気分になってきたのでした。

しかも思っていた以上に、それは楽そうでもありました。ラジオ体操は「早朝の６時半からＮＨＫラジオ第１で放送されている番組」であり、したがって、まずはその時刻にラジオをつける必要があります。だからお年寄りも、６時半に公園に集まってみんなで体操していたわけです。

でも、考えてみると、それはもはや過去の話。**ラジオ体操のＮＨＫ公式動画はYouTubeにアップされているので、やろうと思えばいつだってできるのです。**

ラジオ体操に生活を合わせるのではなく、生活にラジオ体操を組み込めばいいということ。それなら無理をしないですみますし、少なくとも僕にとっては画期的なことでした。そのため、息子からその話を聞いて以来、自分の生活習慣にラジオ体操を組み込むようになったのです。

目を覚ましたら、ベッドのなかで64ページで触れた「ゆるいスケジューリング」をおこない、それから起床。顔を洗ったら書斎に入ってPCを起動させ、カーテンを開けます。幸いにも書斎の窓は東向きなので、その時点でたっぷりと朝日を浴びることができます。目覚めてすぐに朝日を浴びると、体内時計がリセットされ、体を「活動モード」に切り替えることができるといわれますが、毎朝それを実感しています。

そして、先述のとおりトマトジュースやコーヒーを飲んだり朝食を食べたり、朝にすべきいろいろなことをすませてから、ひとり書斎でひっそりラジオ体操をするのです。

正直なところ、若かったときよりもはるかに体が硬くなっており（ただでさえ、子どものころから『体の硬い子だねー』と驚かれていたのに……）、とくに朝の時間は腰が痛かったりもするので、なかなかうまくはいきません。

跳躍する際には、「えっ、こんなに跳べなかったっけ？」などとショックを受けたりもするのですけれど、それでも**ラジオ体操第一と第二を続けてこなすと、それなりにスッキリした気分**になれます。それが、これから始まろうとしている仕事へのモチベーションを高めてもくれるのです。

こういう習慣をつけるきっかけになった息子には感謝しかありませんが、どうあれこれからも無理のない範囲で続けていこうと思っています。

デスクまわりの「5分間清掃」

１２８ページで、デスクまわりをきちんと片づけようという提案をしました。ですから、その習慣を守れているのであれば、翌朝のデスクまわりは片づいているはずです。

しかしそれでも、朝には改めてデスクまわりの5分間清掃をおこなうといいでしょう。それだけでも、ずいぶん気持ちが変わるものだからです。

まずすべきは、シンプルにホコリの除去です。きちんと片づけておいたとしても、ひと晩経てば、デスクには多少なりともホコリが落ちているもの。

注意して見ないと気づかない程度かもしれませんが、文字どおり「塵も積もれば山となる」わけで、ホコリは確実に堆積していきます。ですから、目に見えようが見えまいが、朝の就業前には5分間だけでもデスクまわりの簡単な清掃をおこなうのです。

なお、あくまでこれは、同じく毎日の習慣としてのオフィスの掃除をしたうえでの話。しかも、別に大掃除をする必要はありません。

オフィスの掃除を終えたらそれでOKということではなく、次にデスクまわりにたまったホコリを拭くなどの簡単な掃除をするのです。ホコリのないきれいな状態で仕事を始めれば、おのずと効率もアップしていくはずですからね。

レイアウトの簡単なリフレッシュ

朝のデスクまわりの5分間清掃をする際には、レイアウトの簡単な変更もリフレッシュのために効果的です。

ミニマリズムが浸透した現代においては、昔のように、必要のないものがたくさん積み上げられたデスクは少なくなったかもしれません。

デスクトップに置いてあるものといえば、固定電話、プリンター、ＰＣ、外付けハードディスク、書類、本、ペン立て、写真立てくらいのものでしょうか？

でも、それらのなかで移動できるもののレイアウトを、毎日変えてみるのです。

さすがに固定電話やデスクトップＰＣ、プリンターなどは動かしづらいでしょうが、それ以外のものの位置を、その日の気分に任せて動かしてみてください。

たとえば、前日まではなにも考えず左側に置いていたペン立てを右側に移動してみるとか、翌日にはまた別の場所に置いてみるとか。ほかにも、移動できるものが書類、本、写真立てだったとしたら、デスクをキャンバスのように見立て、それらを日ごとに〝レイアウト変更〟してみましょう。

基本的にデスクまわりは「仕事をする場所」でしかないので、新鮮味が欠けてしまいがち。だからこそ、**ちょっとしたものを毎日動かしてみれば、多少なりとも気分をリフレッシュできるはず**です。

それが必ずしも仕事に役立つとは限りませんが、続けていればレイアウトのセンスもおのずとアップしていくことでしょう（これは意外に重要なことだと、僕は思っています）。

2 テレワークのメリットを活かす

30分ごとに立ち上がって体を動かす

先述したように、デスクに向かっていると運動不足になってしまいがちです。なにしろ、ずっと同じ姿勢でいるわけなのですから、エコノミークラス症候群になってしまうリスクも決して低くはありません。

また、座ってPCの画面と向き合っていれば目も疲れてきますし、気持ちからも新鮮さが失われていってしまうことでしょう。

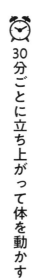

新型コロナウイルスの影響でテレワークが浸透してからは、そういった日常にストレスを感じている方も、決して少なくないはずです。

文筆業という仕事柄、もう何十年もそういう生活を続けている僕は、ことさらそのデメリットを実感できます。

しかし、そんなデメリットは、できることなら実感したくないものでもあります。

そこで習慣化したいのが、30分ごとに立ち上がって体を動かすこと。

簡単なストレッチをするのもいいでしょうし、オフィス（テレワークの場合は家）のなかを歩きまわるのもいいかもしれません。

前項でご紹介しているラジオ体操もおすすめですが、なんらかのかたちで体を動かすことを習慣化すべきでしょう。

「仕事があるのに気が進まない」と感じるのであれば、「体を動かすこともまた仕事」だと考えましょう。

ずっと同じ姿勢で作業を続けていれば効率が落ちていくのは当然なのですから、「体を動かすことも仕事の一環だ」と考えるべきなのです。

毎日10時から18時まで仕事をすると仮定した場合、昼休みの１時間を除けば仕事の時間は７時間＝４２０分になります。

その間、30分ごとに5分間だけ体を動かすとすると、一日に10回程度の運動ができることになります。

もちろんこれは単純計算であり、現実的には打ち合わせや会議、外出などが入ったり、残業だってあるはず。

ですから、このように単純にはいかないでしょう。

とはいえ、自分のスケジュールのなかに5分間の運動を組み込んでいけば、体がなまることもなく、マンネリ感から脱却でき、フレッシュな気持ちで仕事に臨めるはずなのです。

10:00 ~ 10:30	仕事
10:30 ~ 10:35	**運動**
10:35 ~ 11:05	仕事
11:05 ~ 11:10	**運動**
11:10 ~ 11:40	仕事
11:40 ~ 11:45	**運動**
11:45 ~ 12:15 (このあと1時間の昼休み)	仕事
13:15 ~ 13:45	仕事
13:45 ~ 13:50	**運動**
13:50 ~ 14:20	仕事
14:20 ~ 14:25	**運動**
14:25 ~ 14:55	仕事
14:55 ~ 15:00	**運動**
15:00 ~ 15:30	仕事
15:30 ~ 15:35	**運動**
15:35 ~ 16:05	仕事
16:05 ~ 16:10	**運動**
16:10 ~ 16:40	仕事
16:40 ~ 16:45	**運動**
16:45 ~ 17:15	仕事
17:15 ~ 17:20	**運動**
17:20 ~ 18:00	仕事(終業)

気分転換としての「仕事中のちょこっと読書」

時間に追われながら仕事をしていると、どうしても精神的な余裕を失ってしまいがちです。なにしろ、やらなければならないことが、次から次へと背中を押してくるのですから。それは仕方がないことですよね。

とはいっても、日がな一日そんな状態が続いていると（ましてやそれが一週間以上も続くのであればなおさら）、知らず知らずのうちにやる気が落ちてしまうかもしれません。しかし、それでも仕事は続いていくのですから、なんとかそれは避けたいところです。

そこでおすすめしたいのが、先にご紹介した「タイムシフト・リーディング」の応用編、「仕事中のちょこっと読書」です。

１５３ページでは「目が覚めたらすぐに読書をし、1時間経ったら「もっと読みたい」と思ってもキッパリやめ、その続きは通勤時間や昼休みに読もうと提案しました。

日常のちょっとした隙間時間を利用して、「続きを早く読みたい」という思いを叶えるわけです。

もうおわかりかと思いますが、「仕事中のちょこっと読書」も、その流れの延長線上に位置するもの。仕事に追われて疲れたら、なんらかの気分転換をする必要があります。そこで疲れてきたなと感じたら、そのつど10分程度の読書時間を挟み込むのです。

たった10分読むだけなら、「タイムシフト・リーディング」のメリットである「早く続きを読みたい」という気持ちを残したままでいられることになります。

したがって、ふたたび仕事に集中し、また疲れたら、そのときにも10分間だけ読む。「仕事に集中〜10分読書でリフレッシュ〜仕事に集中〜10分読書でリフレッシュ」というサイクルを持続させれば、仕事を効率よく進めることができ、10分読書のたびごとに「早く続きを読みたい」という思いを満たすことができるのです。

これぞまさに、理想的なルーティンではないでしょうか？

音楽を使いこなして集中力を上げる

１９９０年代前半に音楽ライターを始めたころの僕は、ヒップホップをガンガンに流し、肩を揺すりながら文章を書いていました。書いていたというよりも、聞こえてくるビートに乗せて（あの時代はワープロの）キーボードを叩いていたという感じです。

当時はヒップホップやR＆Bに、現在とはまた違った勢いがあったのですが、そのビートと文章のリズム感が、うまいこと噛み合っていたのでしょう。狭い部屋で肩を揺すっている姿をいま思い出すと、なかなか恥ずかしいものがありますが、ある意味では音楽を〝成果を上げるためのツール〟として活用できていたのだろうと思います。

でもそれは昔の話で、最近は文章を書いているときにヒップホップを聴くことは少なくなりました。ほとんどの場合、作業中に聴いているのはクラシックやミニマル・ミュージック（音の反復を主体とした音楽）が大半でしょうか。

もちろん日によって多少は異なりますが、メールチェックや連絡、新聞やウェブメディアのチェックなどからスタートする午前中はたいてい、南カリフォルニア大学が運営している〝ＫＵＳＣ〟というクラシック専門局を流しています。数年前にたまたま見つけた局なのですが、**選曲もよく、邪魔にならないので軽い作業と相性がいい**のです。

その後はApple Musicで、新譜を中心としてクラシックのアルバムを流しています。もちろん交響曲などを聴くこともありますが、作業中は集中することが第一なので、邪魔になりにくいピアノやギターの独奏曲、あるいは室内楽が中心です。で、集中力が弱まってきたなと感じたり、あるいは違うものを聴きたいなと思ったら、気分転換を兼ねてヒップホップを聴くような感じ。

いま、おもに聴いている音楽のジャンルは、クラシックが6、ヒップホップが1、その他が3といったところなので非常に偏っていますが、それが自分らしくもあると思っています。クラシックも中学生くらいから聴いてきましたし、そもそも「ジャンルが好きなのではなく、音楽が好きなんだ」と公言している人間なので、ジャンルで分けたくないのです。

「いま流すべき音楽」ふたつのポイント

話を戻しますが、ともあれどんな音楽を聴く際にも、意識しているのは「その音楽を流すことで作業効率が上がるか？」ということです。僕は自宅の書斎で仕事をしているので、自分をうまくコントロールできないと、それはすぐ作業効率に影響を与えてしまいます。したがって、あくまでも作業優先で聴くべきものを選んでいるのです。

重要なのは「その音楽を流すことで、仕事にどのような効果があるか」ということ。仕事中に関しては、少しでも効率的に成果を上げるためのツールとして音楽を活用しているわけです。そういう意味で、僕にとっての音楽は〝鑑賞する〟ものではありません。効率化のために音楽を利用する価値は充分にあると断言できるのは、そんな毎日を送っているから。ただし、その際には意識すべきことがあります。当然ながら、「いかに仕事を進めやすいか」という観点です。そこを主軸として、「いま流すべき音楽」をチョイスするのです。

①邪魔にならない
②気持ちを盛り上げてくれる

矛盾するようですが、ポイントはこのふたつ。なにより〝集中〟を意識しなければならないので、邪魔にならない音楽を流すことはとても重要です。しかし、それだけではメリハリがなくなってしまうのも事実。同じようなタイプの曲を何時間も聴いていると、刺激が少なくなっていき、次第に集中力が鈍ってくるのです。

そこで、そんなときには気持ちを引き締めるために、ヒップホップとかハードコア・パンクとか、まったく違うタイプの音楽を聴いて、頭のなかを洗浄するわけです。そのようにメリハリをつければ、作業効率をうまくコントロールできるようになるはず。

僕の場合、必ず音楽をかけているわけではなく、〝無音〟の時間もかなりあります。いま、この文章も無音の状態で書いているのですが、そのほうがうまく進むというケースも少なくないのです。

ですから、クラシックを流したり、ヒップホップで気分転換をしたり、無音で集中したりと、気分や作業の進み具合に合わせていろいろな手段を試しているわけです。

これはどんな仕事をしている方でも応用できることなので、ぜひ試してみてください。たとえばオフィスワーカーでも、〝Apple Air Pods Pro〟などについている「外音取り込み機能」を使えば、効果的に作業を進めることができるはずです。

イヤホンをつけたまま周囲の音を確認できますし、もちろん会話だって可能。まわりの人たちに迷惑をかけることなく、コッソリと効率を高めることができます。

なお参考までに、僕がよく利用しているネットラジオ・ステーションをいくつかご紹介しておきます。

ＫＵＳＣ（南カリフォルニア大学が運営するクラシック専門局）
https://www.kusc.org

We Funk（カナダ・モントリオールのファンク／ヒップホップ・ステーション）
https://www.wefunkradio.com

Soma FM Drone Zone（サンフランシスコのSoma FM内にある、ドローン・ミュージック専門チャンネル）
https://somafm.com/dronezone/songhistory.html

3 口のなかから効率化を高めてくれる2大アイテム

気が散るようになったらガムを噛む

僕は45歳のときにたばこをやめました。あるとき、なんとなく「たばこ、やめようかなー」と口に出したところ、あっという間に家のなかに〝たばこ禁止令〟が敷かれてしまったため、やめざるを得ない状況に追い込まれたわけです。

あまりにも急に状況が変わったので、当時は「ちょ……ちょっと待ってよ」という感じでしたが、そこまで劇的に変化したからやめられたのも事実。そういう意味では、たばこが吸えない雰囲気をあっという間につくってくれた妻には感謝するしかありません。

もちろん、スパッとやめられたわけではありませんでしたが、いまはもう吸いたいとは思いません（いまでもたまに夢は見るので、恐ろしいなあと思うのですが）。

そういう状態に落ち着くことができた要因のひとつがガムです。「たばこをやめると口が寂しくなる」という話はよく聞きますが、そんなときはガムを噛むのです。ガムがあったからたばこをやめられたといっても過言ではないのですが、ガムを噛む習慣がついてからずいぶん時間が経ったいま、もうひとつ感じていることがあります。

それは**「ガムを噛めばシャキッとリフレッシュできる」**ということ。

99ページにも書いたとおり、人間の集中力には限界があります。どれだけ集中力のある人でも、時間が経てばそれなりに疲れてきますし、集中できなくなってしまいます。それは能力の問題ではなく、人間とはそういうものなのでしょう。

だから、集中を持続させるために、なんらかの手を打つことが必要になってくるわけですが、そんなときにガムが役立ってくれるのです。いうまでもなく、噛めば気分転換できますし、そもそも噛むことには脳を刺激する効果もあるようです。それどころか、肥満防止にもつながるようですが、いずれにしてもいろいろ役に立ってくれます。

ちなみに僕の場合**「クロレッツＸＰ シャープミント」**という、なんだか文房具みたいな名前のガムを愛用しています。「１粒カフェイン12㎎配合」と銘打っているもので、これがしっくりくるのは純粋に刺激が強いから。

あくまでも好みの問題ですが、僕の場合は甘すぎるガムが苦手です。しかし、これは必要以上に甘すぎず、しかも刺激がとても強い。だから、**だらけてきたときにも適度な活を入れてくれるような感じ**なのです。

買いに行ったら売り切れていて、仕方がないから別のガムを買ったものの甘すぎて口に合わず、結局またこれに戻ってきたというような経験もしています。このガムを出している会社からプロモーションを依頼されているわけではなく(当たり前)、〝作業効率を高める〟という観点からすると、これがいちばんおすすめできるわけです。

朝・昼・夕方に高カカオチョコレートを

ガムと同様に、作業の効率化に役立ってくれるものがもうひとつあります。このところ話題になることも少なくない、「高カカオチョコレート」がそれ。

僕はもともとチョコレートが好きだったのですが、ガムと同じように、こちらも「甘すぎる」点が気になっていたのです。

しかし、そんなとき知人からすすめられた明治の**「チョコレート効果」**という高カカオチョコレートを食べてみたら、それまでの甘すぎるチョコレートとはまったく違っていたので非常に驚きました。

甘さよりも苦味のほうが強いので、作業に集中しすぎて頭が疲れてきたときなどに食べると効果は抜群。したがって、それを実感して以来、高カカオチョコレートもデスクサイドに置いておくようになったのでした。

高カカオチョコレートとは一般的に、カカオの含有率が70％以上のチョコレートを指すようです。よくある昔ながらのチョコレートの場合、カカオの含有率は30～50％程度。そこにミルクや砂糖を配合することで、甘さを出しているのだとか。だからあんなに甘いわけですね。

一方の高カカオチョコレートは、砂糖やミルクなどの量が少ないぶん、主原料であるカカオ特有の味わいが強く、甘さがやや控えめな点が大きな特徴。ですから、甘いチョコレートを食べ慣れていると、最初は多少の抵抗感があるかもしれません。

実際、僕も最初はそんな感じでした。

しかし、すぐに慣れますし、慣れてしまえばその苦味がとてもいい。**具体的にいえば、仕事に集中して「なんとなく疲れたな」と感じているとき、一粒の高カカオチョコレートの苦味が大きな効果をもたらしてくれる**のです。

ちなみに「チョコレート効果」には、カカオポリフェノール量によって72％、86％、95％の3種が用意されています。知人から最初にすすめられたのが72％だったので、長らくそれを食べていたのですが、次第にそれすら甘く感じるようになってきたため、いまは72％と86％を使い分けています。

小さなパッケージに入ったそれらを、1日3枚から5枚を目安にして食べるといいそうなので、午前中、昼食前、夕方と、3回くらいに分けて食べています。それが、疲れた頭にちょうどいいのです。

終章

普通だからこそ「継続は力」を実現できる

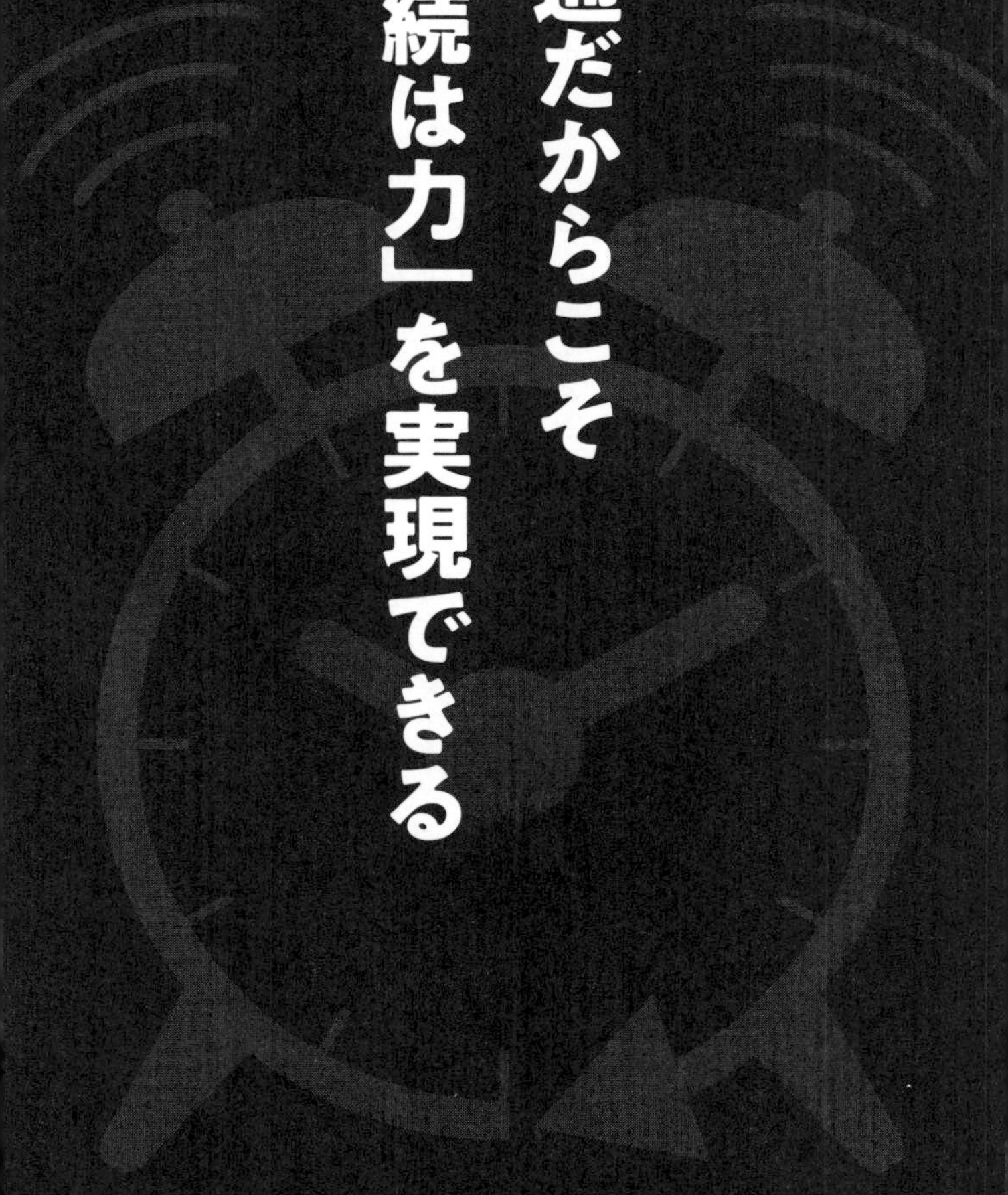

1 コツコツ続ける人が、最強だ

要領が悪くてよかった

世の中には「要領のいい人」がいるものです。頭の回転が速く、どんなことでもスルッとこなすようなタイプ。もちろん、どんなことにも苦労は伴いますから、実際にはいろいろ大変なこともあるのでしょうが、少なくともそういう人は、周囲にそれを感じさせません。だから純粋に、どんなことでもうまくこなせるように見えてしまうわけです。

子どものころ、クラスには必ずひとりくらい、そんな同級生がいませんでしたか？

社会人になってからも同じで、そういう人が楽々と世渡りをしていくのを見て、羨ましく感じたりするようなことは往々にしてあるものです。

それは僕も同じ。基本的に器用な性格ではなく、要領もよくないので、人生の要所要所で〝できる同級生〟や〝できる同僚〟などに巡り会うたび、それなりに羨ましくは思ったものです。ただ、それなりに年齢を重ねていくと、次第にまた違った考えができるようにもなったのです。

「自分はこうなんだから、これでいいじゃん。要領が悪くて、逆によかった」

と。

たしかに不器用だし、要領も悪いけれど、それが自分であるなら無理をする必要はないはずです。むしろ、無理をしたところで無駄でしかない。なぜなら、そもそも「無理」なのだから。禅問答のようですが、これはとても重要な考え方だと思います。

無理であるなら、努力を武器になんとか乗り越えようとしたところで、限界はあるもの。もちろん、努力をすることは大切だけれど、どうせならもっと〝有効な努力〟をしたほうがいいのです。では、それはなにか？

答えは簡単で、つまりは**〝身の丈にあった努力〟をすればいい**わけです。無理な努力を続けたところで、そもそも無理なのですから時間を浪費するだけ。でも、時間には限りがあるのだから、有効に使ったほうがいい。すなわち、〝自分にできる努力〟をするべきだということ。

たとえば要領が悪いのであれば、要領がいい人になろうとしてみても、どこかできっと無理が生じます。だとすれば、〝できること〟を愚直に続ければいいのです。

要領よくスルッとこなせないのであれば、まわりからは時間がかかっているように見えたとしても、遠回りに見えたとしても、誠実にそれをこなすべき。

〝できないのだから仕方がない〟ではなく、〝それがベスト〟だということです。

ここまで断言できるのは、僕自身がそうやってここまできたからです。はたから見れば「あいつ、無駄をしてるなあ」って感じだったかもしれませんし、自分でも「遠回りをしてるなあ」と感じたことはあります。けれど、遠回りをすることによって、最終的にベストな結果にたどり着けるのであれば、それは自分にとっての近道なのです。

そういう意味で、要領のいい人を過度に意識するべきではありません。そう確信するからこそ、僕は「要領が悪くてよかった」と感じるのです。要領の悪い自分を認めることで、自分に合ったスタイルにたどり着くことができたから。

大切なのは、自分に合ったスタイルを見つけること。それがしっくりくるのなら、他人がどう思おうと知ったこっちゃないじゃないですか。

それに、要領のいい人だって、意外と「自分はなんて要領が悪いんだ」と悩んでいるものなのかもしれません。つまり突きつめれば、人間にそう差はないとも考えられるのではないでしょうか？

一発逆転なんて考えない

ビジネス書や自己啓発書、あるいは各種ウェブメディアにおいては、過剰すぎる文言を目にすることが少なくありません。たとえば「ダメダメだった僕が一発逆転して億万長者になった話」とか。

そういうものを見るたび、僕はつい苦笑してしまいます。そんな都合よく進む人生はないし、そういうことを口にしたがるのは、単に自己顕示欲が強すぎるだけのことだからです。そもそも、**強すぎる自己顕示欲はコンプレックスの裏返し**です。「これだけのことをやってきたすごい自分のことを、もっと見てくれ！」と騒いでいるようなもの。

つまり、それはすぐにバレてしまうことなのです。

だいいち、「能ある鷹は爪を隠す」ということばがあるように、本当に力のある人はそれをひけらかすような下品な振る舞いはしないものです。

にもかかわらず、そういった〝過度な自己主張〟が消えないのは、そこにニーズがあるからなのでしょう。「いまの状況をなんとかしたい」「ここからどうにか抜け出したい」というように、自分の人生に危機感を覚えている人が、そこに救いを求めてしまうのかもしれません。

僕にもつらかった時期がありますから、その気持ちはわかります。が、多くの場合、それは無駄で終わってしまうのではないかと思います。なぜなら、一発逆転できるようなチャンスなんて、そうそう訪れるものではないからです。

もちろん、なかにはそれができてしまう人だっているでしょう。でも、それはほんの一握りの人だと考えるべきではないでしょうか？

まず、自分の力量やポテンシャルを客観的に捉え、「(他人はどうあれ)自分の場合はどうすべきか」を考えて実行することのほうが、はるかに大切なのではないでしょうか？

人にはそれぞれ、誰にでも「できること」と「できないこと」があるものなのです。

それなのに〝一発逆転〟を狙おうとするのは、ギャンブルにすべてを託すようなもの。なにしろ、一発逆転とは「よくない状況を一気に覆すこと」なのですから。つまり「自分の力だけではどうにもならないことを運に任せる」ということでもあるわけです。

しかし、生きていくこととギャンブルは、本質的にまったく違います。確実性が担保されているわけでもないのだから、そこに人生を賭けるべきではありません。

大切なのは、やるべきことをコツコツ地道に続けていくこと。結局のところ、うまくいっている人の多くは、見えないところで地道にコツコツやっている人でもあります。

簡単にうまくいった人は、すぐに消える

そもそも、簡単に成功をつかんだり、大々的に売れたりできたような人は、意外と短命でもあると考えています。そのことに関連して思い出すのが、1986年（昭和61年）12月から1991年（平成3年）2月までのバブル景気です。僕は20代のころに、あの当時の空気を吸った人間なのです。

とはいえ、いわゆる「バブルの恩恵」を受けたことはなく、受けたいとも思いません

でした。それどころか、異常な好景気に浮かれた人たちには、強い違和感を抱いていました。もちろん、お金を欲しいという気持ちは人並みにありましたが、あのころの空気が純粋に気持ち悪かったのです。

しかもそれ以前、20代前半のころにイラストレーターを目指して挫折した経験があったので、そののち広告の仕事に就けたことに感謝していました。なにしろ、その時点でなんの実績も残していなかったのですから。

そんな自分を雇ってくれたのだから、会社のためにしっかり働こうと思い、また仕事が純粋に楽しくもあったので、多くの同世代が浮かれていたときには懸命に仕事をしていました。実力がないなら、コツコツがんばるしかないと思っていたのです。

ですから残業が続いても、まったく苦しいとは思いませんでした。むしろ楽しかったかな。

しかし数年を経た1991年初頭、バブルはあっけなく崩壊しました。深夜に車を運転しているときに、カーステのラジオから「バブル経済が崩壊しました」というアナウンサーの声が聞こえてきたときのことはいまでも覚えています。

そのときは実感がなかったのですが、バブル崩壊の影響は、そのすぐあとにはっきりと表れました。バブル全盛期といえば、発売されたばかりの大きな携帯電話を見せびらかすようにして持ち、似合っているとは思えないダブルのスーツを着て自慢げに歩いている青年があちこちにいたものです。

しかし、あのラジオニュースを聞いて以降、そういうチャラいタイプの人々が忽然と消えたのです。少なくとも僕の目にはそう映りましたし、それは当然のことだなとも感じていました。

彼らが「うまくいった」のは実力があったからではなく、時代の空気の影響でしかないことは明らかでした。だからあのとき、僕は「簡単にうまくいった人は、すぐに消えるものだ」ということを強く実感しました。

その後も、**身の丈以上の振る舞いをするチャラい人が消えていくのを何度も見たこと**があります。また、自分自身がそうなりかけたこともありました。「うまくいく」ことを目指すのではなく、地味でもいいからやるべきことを地道に続けるべきだと強く感じるのはそのためなのです。

2 仕事には「成果」を期待しない

成果は出そうと思って出るものではない

僕は書評家として、多くのビジネス書に目を通してきました。そのため、ビジネス書にいくつかの傾向があることも知っています。たとえば、そのひとつが「成果」を出すことを強調した書籍が多いことです。

もちろん、いまお読みになっている本書のなかにも、「成果を出すためにはどうしたらいいか?」という視点は存在しています。でも**成果とは、本来「こういうやり方を実践してみれば〝誰にでも〟〝絶対に〟出せる」というものではないはず**です。

ですから僕は「できること、やるべきことをコツコツやること」の重要性を強調したいと考えています。成果とは、あくまでコツコツ続けた結果として生まれるものだと考えているわけです。

そう考えているからこそ気になってしまうのは、成果を出すことそれ自体が目的となってしまっているビジネス書も少なくないこと。すべての書籍がそうであるとはいいませんが、一部のビジネス書にそういう傾向があるように思えてならないのです。

もちろん、「こうすれば短期間で成果が出る！」というような刺激的な論調で攻めていけば、そのインパクトは一部の読者の心をつかむことになるでしょう。早い話が「売りやすい」わけです。けれど、それとこれとは別の話。そもそも仕事とは、最初から成果を期待して臨むべきものではないはずだ、と僕は考えています。

もちろん、成果を出すことも仕事においては重要です。成果が出なければ話にならないと考えることもできるでしょう。

しかし成果とは、いい仕事をした結果です。**成果に期待するからいい仕事ができるのではなく、いい仕事をしたから成果が生まれるわけです。**そこを履き違えてしまうと、必然的にいい仕事、納得できる仕事はできなくなってしまうのではないでしょうか？

仕事を始めるとき、あるいは仕事を進めているときには、なるべく成果のことは考えないほうがいいでしょう。

「成果を出してみせるぞ」と、がんばることには間違いなく価値がありますが、「成果を出せなければ意味がない」と考えてしまったのでは、仕事の価値も変わってきてしまうからです。

それに（ここからが重要なのですが）**「成果を出すぞ！」と必要以上に力まなくとも、いまできること、やるべきことを愚直にこなしていけば、相応の成果は必ず出る**ものです。

むしろ、そちらのほうが意識すべき大切なことだと僕は思います。

大切なのは結果よりも行動だから「コツコツやる」

もちろん、仕事に臨むにあたっては、「なんとか成果を出したい！」と感じたとしても不思議はありません。しかし、力みすぎてしまうと、往々にして空回りしてしまうものでもあります。気持ちだけが先走るため、懸命に仕事を進めてもそれが結果につながらず、やがて「やる気」がうせてしまうというように。

しかし、そんなことになってしまっては本末転倒というもの。それに、本当に仕事を成果につなげたいのであれば、むしろ意識するべきは「コツコツやる」ことです。

誰もが忙しい現代においては、ただでさえ「効率よく成果を上げること」が求められがちです。しかも、厳しい経済状況が続くなか、そういった傾向はさらに大きくなっています。

たとえば、苦難を乗り越えるべく人員削減をおこなう企業も少なくないですが、そうなると当然ながら、残された従業員に課せられるタスクが増えることになります。したがって、さらに「効率を上げろ」という流れが加速してしまうわけです。


しかし、どれだけ高い成果を求められたとしても、人間には身の丈以上の仕事をこなすことはできません。人にはそれぞれ、各人にとって最適な仕事の進め方があり、各人にとってよりよい効率があり、できることにも限界があるからです。

にもかかわらず、やってもやっても届かない目標を目指し続けていたら、体力的、精神的に無理が生じたとしても無理はありません。

そういう意味でも、やはり「コツコツやる」ことこそが大切なのです。「コツコツやるなんてダサいし、古くさい考え方だよね」と感じる方もいらっしゃるかもしれませんし、そう指摘したくなる気持ちもわからないではありません。

けれども実際のところ、成果至上主義的な現代の潮流は、必ずしも成功しているとはいえないのではないでしょうか？

それはなぜか？

繰り返しになりますが、**できることをコツコツ続けることこそが、もっとも人間らしいあり方**だからです。少なくとも僕はそう確信していますし、そうやってこの数十年を過ごしてきました。

たとえば本書の前半で、リーマン・ショックで仕事が激減し、「あすどうやって生きていこうか？」という状況に追いつめられたことがあると明かしました。

そのとき、僕を救ってくれたのも、「コツコツやる」という姿勢です。

「仕事が減って不安だらけだけど、だからこそ、いまできることをコツコツやろう。少なくとも、それでバチが当たることはないはずだ」

そう信じてコツコツ続けてきたからこそ、そこから10数年後の現在がいまここにあるのです。同じことは、いろいろと生きづらい要素が充満した現代を生きるすべての人にあてはまることなのではないかとも感じます。

僕が「コツコツやる」ことをすすめるのには、そうした理由があるのです。それこそが、もっとも本書で訴えたいことだといっても過言ではありません。

「ルーティン」を客観的に捉えよう

ただし「コツコツやる」ということは、ただ漫然と仕事をこなしていればいいということではありません。

「漫然」を辞書で引くと、「これという目的もなく、とりとめのないようす」（三省堂国語辞典）と書かれています。つまりそれは、〝ぼんやりと、ただやっているだけ〟の状態だということになります。

しかし**「コツコツやる」ことの目的は、やるべきこと——目の前に積み上がった仕事の山など——をこなしていくこと**であるはず。ぼんやりとやっているだけでは、身になるはずがありませんし、成果にもつながっていきにくいはずです。

いいかえれば、目的を成し遂げるために「コツコツやる」わけです。「そんな当たり前のこと、いわれなくたってわかるわ」とツッコミが入りそうですね。

しかし実際のところ、いつしかその〝当たり前〟を忘れてしまったまま働き続けている人も決して少なくないはず。だからこそ「いま、自分がなにをやっているのか」を常に意識しながら、やるべき仕事を「コツコツやる」ことが大切なのです。

そして**日々の仕事をコツコツとこなしていくにあたっては、その仕事をするにあたっての「ルーティン」を意識することが大切**です。

ルーティンワークとは、「決まりきった仕事」「日課となっている仕事」を意味しますが、なにしろ決まりきっているわけですから、それらに臨む際には「めんどくさい」「早く終わらせたい」という気持ちに邪魔されてしまいがちです。

めんどくさいのですから、それは必ずしも「おもしろい仕事」ではないかもしれません。それどころか、「おもしろくないルーティン」だから「めんどくさい」と感じてしまうと考えることもできます。ですから、それらを前にしたときのネガティブな気分も充分に理解できます。おもしろい仕事のほうが、楽しいに決まっていますからね。

けれども実際のところ、おもしろいだけの仕事などはまずありません。ましてや、おもしろくないルーティンを「おもしろくないなあ」と感じながらこなしたのでは、さらにおもしろくなくなってしまって当然です。

でも、ここには見逃してしまいがちだけれど、重要なポイントがあります。**おもしろくないルーティンを客観的に受け入れ、こなしていると、「おもしろくない」が「おもしろい」に変わる瞬間が必ず現れるということです。**

おもしろくないものを否定的な観点から「おもしろくない」と決めつけて突き放すことは、なによりも簡単な、けれども意味のない手段です。しかし、「おもしろくないルーティン」にだって、おもしろい側面は必ずあるはずです。おもしろくないと突き放したくなるのは、そこに目を向けようという努力を怠っているからにすぎません。

本当にルーティンワークはつまらないのか？

それに、ルーティンワークは、必ずしもつまらない仕事ではありません。いや、決まりきっているのですから、仕事そのものはおもしろいとは限らないかもしれませんね。

しかし、おもしろくないからこそ、それをひとつひとつこなしていけば、タスクをひとつ終えるごとに「めんどくさいことをやり遂げた」という〝小さな達成感〟を覚えることができるはず。小さいだけに見落としてしまいがちですが、どんなルーティンワークをする際にも、その達成感は必ず生まれるものです。

そこで、**「この〝おもしろくないルーティン〟を終わらせれば、多少なりともスッキリするはず」**という思いを持ち続けるのです。それは間違いのないことなのですから、終わらせたときには必ず〝小さな達成感〟にたどり着きます。

長い目で見れば、それが日々積み重なっていくことによって、やがて〝大きな達成感〟にたどり着くのです。そう考えると、〝なんてことない日々のルーティン〟を客観的に捉え、受け入れ、こなしていくことの価値の大きさがわかっていただけるのではないでしょうか？

3 続けていれば、道はできる

ネガティブに考えると状況はさらに悪くなる

学生時代のあるとき、将来の進路について、「あっちに進むべきか、こっちに進むべきか」とウジウジ悩んでいた時期がありました。

いま思い出しても当時の自分の優柔不断さには呆れてしまいますが、そんなときに役立ったのは、とある人生の先輩からいわれたひとことです。

「10年やれば道はできる」

たったそれだけ、いたってシンプルなことばです。でも、何十年も前に聞いたそのひとことは、以後の人生において何度も頭のなかでリフレインされることになりました。

なにかを始めたり続けていくにあたっては、「これは本当に意味のあることなのか？」

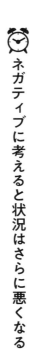

「実は時間の無駄なのではないだろうか?」など、余計なことを考えてしまいがちです。

やっていることがうまくいかなかったり、予想外のトラブルに見舞われたりすれば、そんな思いはさらに大きなものになっていくかもしれません。しかもそうなると、自分でも気がつかないうちに、ネガティブな気分になっていったりするもの。しかしそれでは、状況はさらに望まない方向に進んでいくことになる可能性があります。

あのとき、あのことばに共感して生きてきたからこそ、僕はいまここで「続けることの価値」を強調したい。なぜって、たしかに「続けていれば道はできる」のだから。経験的に、それを強く実感するのです。

しかも、当時の先輩は「10年やれば」といいましたが、**現実には10年もかけずに結果が出ることもよくある**話です。1年かもしれないし5年かもしれないし10年かもしれませんが、いずれにしても信じたことは続けてみる。それが大切だということです。

たしかに仕事を続けていると、ましてやルーティンワークに追われまくったりすると、「こんな仕事を続けていていいのかな?」などと感じることはよくあるもの。しかし重要なのは、それを〝よくあること〟とやり過ごすことなのではないでしょうか?

先述したとおり、仕事の大半は「おもしろくない仕事」です。エンターテイメントではないので当然ですが、おもしろくないと感じると、人はとかくネガティブ方向に進んでしまうものです。でも、**「おもしろくないなあ」と思いながらいやいや続けたとしても、決まりきった仕事のなかから「少しでもおもしろそうななにか」を探しながら続けたとしても、行き着くゴールはただひとつだけ**です。

しかも不思議なもので、悪いほうに考えてしまうと、状況はさらに悪くなっていくものでもあります。だとしたら、やはり前向きな視点を持って臨んだほうがいい。なにしろ、続けていれば必ず道はできるのですから。ポジティブでいるほど、その道はひらけていくものでもあるでしょう。

見返りを求めるより、価値観を学ぶ

たとえば、上司から仕事を頼まれたとき、あるいは友人から頼みごとをされたときなど、いろいろなことにあてはまりますが、「これだけやったんだから、努力に見合った見返りが返ってくるはずだ（返ってきてほしい）と考えたくなるのはよくあること。自分が好きでやりたいと思ったことでない以上、それは当然のことかもしれません。

しかし、現実的には必ずしも見返りが返ってくるわけではなく、その確率はむしろ低いともいえます。よかれと思ってやっても感謝されるとは限らないし、お礼をもらえるかどうかもわかりません。それどころか、相手がその努力に気づかない場合だってありますから、そういう現実を理解したうえで物事に臨む必要があるのだと思います。

しかし、それは決して無駄なことではありません。見返りがあろうがなかろうが、いや、なかったとしたらなおさら人間的に成長できるでしょうし。つまりは見返りの有無にかかわらず、物事に真摯に取り組むことが大切だという価値観を、そこで学ぶことができるのですから。

インプットとアウトプットのバランスは考えない

また、見返りについては、仕事の進め方にもいえます。

現代のビジネスシーンにおいては、「インプット」と「アウトプット」との関係性が取り沙汰される機会が多いようです。「インプットした＝なにかを身につけた」からには、それを「アウトプット＝身につけたことを仕事などに活かす」べきだという考え方が、なかば当然のこととして語られる風潮ができあがっているように感じるのです。

もちろん、過去の自分にはなかったなにかをインプットすることができたなら、それはアウトプットして活用したいところ。そうすることによって、以前の自分では成し遂げられなかったこともできるようになるかもしれません。

たしかに、インプットをアウトプットできれば、相応のメリットは得られます。したがって、インプットすること、それをアウトプットすることを適度に意識しておくことは、決して無駄ではないでしょう。


しかし、**見落とすべきでないのは「適度に」という部分、そして「目的」**です。

なにかをインプットするとしたら、その背後には「このことを知りたい」とか「関心がある」というような思いがあるはずです。好奇心を刺激されるからインプットしたくなるということ。そういった自主的な思いが前提としてあった以上、そこでインプットできたものは、その後に無理なくアウトプットできるはずです。なにかの局面に立たされたとき、「ああ、あのとき学んだあれを活かすことができそうだな」と感じたり。

ところが、好奇心以前に「インプットすること」そのものが目的化してしまっていたとしたらどうでしょう？

つまり「知りたい」という好奇心よりも「インプットしておけばいつか役に立つに違いない」というような漠然とした目的が優先されてしまうのです。

その場合、知識が持つ知識としての価値は、やや軽視されることになるかもしれません。思い入れがないだけに、なにかあったときにも思い出せず、「あれを活用しよう」ということにならない可能性もあるわけです。

僕がインプットとアウトプットのバランスを意識すべきでないと考えるのは、そんな理由があるから。損得勘定に従ってインプットしても、それは記憶に残りにくく、アウトプットできる機会も少なくなるわけです。

いいかえれば、**損得勘定よりも純粋な好奇心を優先すべき**だということ。「知りたい」という気持ちを大切にすれば、無意識のうちにそれはインプットされるのです。

それこそが本当の意味でのインプットであり、だからいつかアウトプットして活用できるようになるということです。

おわりに　「コツコツやる姿勢」から生まれた本書

面識もなく、名前すら知らなかった編集者から、SNSを通じて定期的に連絡が届くようになったのは3年ほど前のことでした。その編集者が担当した本を、何度か書評で取り上げたことがきっかけだったと思います。

もちろん、執筆の段階で担当編集者を意識することはありませんし、純粋にその本を「いいな」と思って取り上げただけの話だったのですが。

いずれにせよ、以後も新刊が出る直前に、彼は「次に出す新刊」の情報を定期的に送ってくれるようになりました。いつも長文なのは気になるところでしたけれど（長文のデメリットについては118ページを参照）、しかし熱意ははっきりと伝わってきたのです。

ただし、メッセージをもらっても、基本的に僕が返信することはありませんでした。

ところが、そんな状態が何年も続いた結果、いよいよ申し訳ない気分になってもきたのです。というより、「いつか会ってみたいなあ」という気持ちがだんだん強くなっていったといったほうがいいかな。

そこで、またメッセージをもらったあるとき、珍しく返信をしてみました。いつも情報を伝えてくれることへのお礼とともに、「そろそろお会いするべきタイミングかもしれませんね」と。それが2022年5月初旬で、初めてメッセージをもらってから2年半後のことでした。そして、その月の終わりには会って食事をしたのです。

それが、本書の担当編集者である丑久保和哉氏との出会いでした。

初対面だとは思えないほど話が合い、「こんなことなら、もっと早く連絡をすればよかったな」とも感じたものです。が、驚いたのは、その席で本書の構想ができあがってしまったこと。お互いに、「こんな本をつくりたい」「こんな本を書いてみたい」と意見を交換しているうち、いつの間にかひな形が完成していたのです。

さらには、それから数日間のうちに、しっかりとした企画書が送られてきて、次いで発売までのスケジュールも短時間でできあがってきたのでビックリ。しかも、そういうことをしている最中にも、以前から届いていた最新刊の情報もしっかり送り続けてきてくれたのです。ですから、「優秀だなあ」と感心したのも当然の話。

彼は本書の担当編集なのですから、当然この文章を読んでいることになります。
だから、ほめすぎるのはシャクだなあという気もするのですけれど（そういう問題か？）、とはいえ優秀であることは疑いようのない事実。そして、その〝優秀さ〟のバックグラウンドになっていることこそが、「コツコツやる姿勢」だと感じるのです。
そう、本書の企画が生まれる前から、彼は僕に対してコツコツと連絡し続けてきてくれた。だからこそこうして形になったわけで、その姿勢と行動はまさに本書のコンセプトそのものであるわけです。

そこで、丑久保くんへの謝辞で本書を締めたいと思います。

２０２３年２月

印南敦史

印南敦史(いんなみ・あつし)

作家、書評家。

1962年、東京都生まれ。広告代理店勤務時代に音楽ライターとなり、音楽雑誌の編集長を経て独立。「1ページ5分」の超・遅読家だったにもかかわらず、ビジネスパーソンに人気のウェブ媒体「ライフハッカー・ジャパン」で書評を担当することになって以来、大量の本をすばやく読む方法を発見。その後、ほかのウェブサイト「ニューズウィーク日本版」「東洋経済オンライン」「サライ.jp」「マイナビニュース」などでも書評欄を担当することになり、年間700冊以上という驚異的な読書量を誇る。

著書に『遅読家のための読書術——情報洪水でも疲れない「フロー・リーディング」の習慣』(ダイヤモンド社)、『プロ書評家が教える 伝わる文章を書く技術』(KADOKAWA)などのほか、音楽関連の書籍やエッセイも多数。

■装丁　大場君人

先延《さきの》ばしをなくす朝《あさ》の習慣《しゅうかん》
コツコツ書《か》き続《つづ》けて日本一《にほんいち》になった書評家《しょひょうか》が、
絶対《ぜったい》に締切《しめきり》を破《やぶ》らないためにやっていること

発行日　2023年　3月20日　　第1版第1刷

著　者　印南《いんなみ》　敦史《あつし》

発行者　斉藤　和邦
発行所　株式会社　秀和システム
〒135-0016
東京都江東区東陽2-4-2　新宮ビル2F
Tel 03-6264-3105（販売）Fax 03-6264-3094
印刷所　日経印刷株式会社　　Printed in Japan

ISBN978-4-7980-6848-0 C0030